LES GENS DE MON PAYS

DU MÊME AUTEUR

Essais et chroniques

L'Enfant et la Raison d'État, Le Seuil, 1977.

Le communisme est-il soluble dans l'alcool ? (en collaboration avec Antoine Meyer), Le Seuil, coll. « Points Actuels », 1979.

Justice en miettes (en collaboration avec Hubert Lafont), PUF, 1979.

Québec, Le Seuil, coll. « Petite Planète », 1980.

Le Nouvel Ordre gendarmique (en collaboration avec Hubert Lafont), Le Seuil, 1980.

Ce n'est pas pour me vanter, Le Seuil, 1990.

Heureux habitants de l'Aveyron et des autres départements français, Le Seuil, 1991.

Nous vivons une époque moderne, Le Seuil, 1991.

Pointes sèches, Le Seuil, 1992.

Dans le huis clos des salles de bains, Le Seuil, 1993.

Dans mon pays lui-même…, Flammarion, 1993 ; Le Livre de poche, 1994.

Eaux fortes – Croquis politiques, Flammarion, 1995 ; Le Livre de poche, 1996.

Balivernes pour la levée du corps, Le Livre de poche, 1996.

En progrès constant…, Le Livre de poche, 1996.

Dans cette vallée de larmes…, Le Livre de poche, 1997.

Paris la Grande, Flammarion, 1997 ; Gallimard Folio, 2000.

Portraits acides et autres pensées édifiantes, Le Cherche Midi éditeur, 1999.

Le progrès fait rage, Gallimard, Folio, 1999.

Le futur ne manque pas d'avenir, Gallimard, Folio, 1999.

Du futur faisons table rase, Gallimard, Folio, 1999.

Démolition avant travaux, Robert Laffont, 2002 ; Pocket, 2006.

L'avenir peut attendre, Robert Laffont, 2004 ; Pocket, 2006.

Fonds d'écran, Le Cherche Midi éditeur, 2006.

Un Parisien à travers Paris, Robert Laffont, 2009 ; coll. « Documento », 2013.

Sanguines, Robert Laffont, 2011.

Roman

Brusque chagrin, Éditions de Fallois, 2005 ; Le Livre de poche, 2007.

Textes de scène

Causerie (illustrations d'Olivier Douzou), Les Arènes, 1999.

Paris la Grande, en vers et en chansons (photos de Pierre Jahan), Les Arènes, 2001.

PHILIPPE MEYER

LES GENS DE MON PAYS

ROBERT LAFFONT

© Éditions Robert Laffont, S.A., Paris, 2014
ISBN 978-2-221-13706-2

À la mémoire d'Hélène Desproges,
sans qui vieillir n'aura pas les mêmes saveurs,
et de Charles Piketty, qui n'a eu le temps
que d'être jeune.

Captatio benevolentiae

Que ce soit à travers Paris ou à travers la France, j'ai le goût d'aller y voir. J'ai un vif appétit de raconter et un désir opiniâtre de comprendre. Vingt ans après le récit d'un voyage de la frontière belge à Saint-Flour en passant par la Lorraine et même par le « grand oral » de l'Ena[1], j'ai repris la route, le train, le bateau, l'avion (et même le vélo électrique) et je suis allé dans des villes, des villages et des campagnes dont je ne savais pas grand-chose, voire rien. Mais j'en connaissais des gens, rencontrés au hasard de mes activités multiples, et ces gens m'avaient donné envie d'en apprendre davantage sur leur coin de France. Il n'y a pas d'autre fil conducteur à ce livre que ma curiosité empathique et mon envie, presque mon besoin, de mener mes rencontres le plus loin possible. Les gens m'ont donc fait rencontrer des gens, qui m'ont conduit à d'autres gens. J'ai brossé le

1. Philippe Meyer, *Dans mon pays lui-même*, Flammarion 1993, Le Livre de poche, 1995.

portrait de certains d'entre eux, un peu comme si j'avais voulu ajouter des images à mon livre.

Il se trouve que les étapes de mon voyage ne sont pas les endroits les plus connus, ni les plus télévisés (et, quand ils le sont, ils le sont mal). Personne ne sait situer le Carladez, à part les patrons de bistrot ; on connaît Groix à cause de la chanson des « Trois Marins » qu'on apprend (qu'on apprenait ?) aux enfants ; de Tulle, ville improbable, on ne s'est guère intéressé qu'à l'ancien maire devenu président et à l'ancien président qui régnait sur la Corrèze ; l'image d'Épinal est un cliché ; Vic-Fezensac n'est guère plus qu'un beau nom sonore ; c'est le Louvre et non Lens qui a attiré les caméras lorsque le musée s'est installé dans cette ville, et le centre de vacances de l'abbaye de Saint-Jacut-de-la-Mer cache le centre de rencontres…

Toutes les destinations ne se sont pas avérées fécondes, soit qu'il y ait peu à voir, soit que je n'aie pas su regarder, soit encore que je sois indésirable. Il en fut ainsi du monde du football. À l'écart des villes et même de la société des garçons de leur âge, les jeunes pensionnaires black, blancs, beurs des centres de formation des grands clubs vivent les espoirs, les réalités et les leurres de l'intégration, de l'ascenseur social, de la médiatisation. Si on ajoute la place que tient déjà l'argent pour ces adolescents et leurs familles et les convoitises que leur talent excite, il me semblait que ces centres pourraient montrer notre société comme sous une loupe. À l'exception du Stade rennais, les clubs se sont dérobés. Non qu'ils aient refusé expressément de m'accueillir : ils se sont contentés de me répondre au conditionnel en me demandant toujours davantage de précisions sur ce que je comptais faire, voir, demander et, finalement, écrire. Outre qu'il est étrange de sommer un voyageur de décrire les paysages qu'il n'a pas encore visités, la volonté de mettre mon séjour sous tutelle devenait par trop apparente et déplacée. Après trois mois de relances qui n'aboutissaient qu'à de nouvelles questions, tergiversations et procrastinations, j'ai dû me rendre à l'évidence et renoncer à un projet dont je m'étonne encore qu'il ait pu susciter tant de crainte…

Comme sociologue, mon premier métier, j'aimais parcourir le terrain ; devenu journaliste sur le tard, j'ai connu et aimé les derniers représentants de l'« école des flâneurs salariés », toujours prêts à boucler leur sac et ignorant la hiérarchie entre les quidams et les importants. Où que ces confrères se trouvent aujourd'hui, j'aimerais qu'après avoir lu ce livre, ils me confèrent le diplôme de leur école sans murs. J'espère aussi que Gilles Vigneault, dont j'admire depuis le premier jour le savoir-dire les autres, ne regrettera pas en lisant ces pages la marque d'amitié qu'il m'a donnée en me prêtant le titre d'une de ses chansons.

Introduction à une ville improbable…

Samedi 17 h 38, gare d'Austerlitz : embarquement dans le train pour Tulle (direction Cahors, changement à Uzerche – la « perle du Limousin » –, puis acheminement par autobus jusqu'à la préfecture de la Corrèze). Les wagons Téoz ont été remplacés au dernier moment par des voitures d'un modèle plus ancien. La numérotation des places et celle des billets ne correspondent plus. La SNCF a affiché un tableau des équivalences. La place 41 est devenue la place 75 sur laquelle est assise une personne qui, ayant vainement cherché la place 18, a jeté son dévolu sur le premier fauteuil libre. Chacun parcourt le couloir agitant vainement sa réservation et ses prétentions à s'asseoir ici plutôt que là. Heureusement, le train n'est pas complet. La sagesse s'empare des voyageurs, chacun s'installe là où il peut. Un monsieur demande qu'on lui garde un siège flanqué d'une prise de courant : il en a absolument besoin pour travailler sur son ordinateur et il avait pris soin de faire figurer cette nécessité dans sa réservation. Hélas, un tel siège n'existe pas sur ce vieux modèle de wagon.

Appelé, le contrôleur en est réduit à prononcer l'acte de contrition. On sent qu'il est sincère. Sincère et dépassé. Nombreux sont les voyageurs qui en profitent pour lui présenter des griefs de toute nature, dont certains remontent loin dans le temps. L'homme déplore de son mieux. Le passager reste Grosjean. À Limoges, le train prend du retard sans qu'aucune explication ne soit donnée. Il aurait dû arriver à Uzerche à 21 h 33, douze minutes avant le départ prévu du car pour Tulle. Il n'atteint la perle du Limousin qu'à 21 h 42. Le train est long. Les voyageurs des voitures de tête et de queue ne parviennent à la sortie qu'à 21 h 46. Juste à temps pour voir s'éloigner le car affrété par la SNCF à une compagnie lui appartenant pour assurer la correspondance entre le train de Paris et Tulle. Le plus jeune des laissés-en-rade rattrape l'autobus à vigoureuses foulées et force le conducteur à s'arrêter. « Je dois respecter mon horaire », répond l'homme lorsque l'on s'étonne de son comportement. « Vous devez surtout assurer la correspondance et veiller à ce qu'il n'y ait plus de voyageurs pour Tulle », rétorque un monsieur qui n'envisageait pas sans appréhension de passer la nuit à la gare d'Uzerche. « C'est pour ça que je ne roulais pas vite. On pouvait me rattraper en courant. » Le monsieur n'a pas l'air de considérer que l'achat d'un billet SNCF implique de sa part l'engagement de se mettre à la course à pied. Il marmonne des phrases mécontentes, au milieu desquelles on peut distinguer les mots « service public » et « enclavement ». Animé d'un dernier espoir, il demande qu'on l'arrête à la porte de son hôtel, puisque le car passe devant. Mais de même qu'il doit respecter son horaire, le chauffeur révère les arrêts réglementaires et l'hôtel ne figure pas sur leur liste.

Bienvenue à Tulle.

Probabilité d'une ville impossible

La capitale de la Corrèze s'étend et s'étrécit sur une longueur de six kilomètres, le long de la rivière qui a donné son nom au département. Si l'on excepte, rive droite, un plateau central de peu de largeur sur lequel ont été bâtis la ville originelle et le quartier du Trech, maisons et immeubles sont arrimés à des coteaux en pente raide, quelquefois coupés d'étroits balcons rocheux sur lesquels on a construit ici la mairie, là le siège du conseil général, ailleurs une caserne ou un lycée. La cathédrale est le seul monument public du centre-ville. Ce n'est d'ailleurs plus qu'un demi-monument : transformée en fabrique de canons sous la Révolution, on en a arraché jusqu'aux fers de soutènement et provoqué ainsi l'effondrement d'une bonne partie[1]. Le bâtiment imitation château où est installée la préfecture, pompeux mais parfait exemple de l'architecture Napoléon III, est accroché à un terrain pentu qui lui donne des airs de domina-

1. La coupole, le chevet, le transept et la galerie nord du cloître.

tion d'autant plus comiques qu'il n'est visible d'à peu près nulle part, tant la ville est étroite et encaissée. Sur la rive gauche de la rivière, face à un ancien hôtel rechapé par la société Mercure de manière à le faire ressembler à tous ses autres établissements, le palais de justice offre une apparence aussi raide que la vertu dont il prétend être l'asile. Pour relier le quartier de la gare à celui du Trech, il a fallu percer l'avenue Victor-Hugo à travers une colline. Au sud du centre-ville (il faut bien appeler « centre » ce qui se trouve au milieu de ce couloir urbain), une tour de quatre-vingt-sept mètres et de vingt-deux étages défigure définitivement Tulle à la manière du nez de Cyrano. C'est la cité administrative, illustration achevée de l'architecture des années soixante-dix, roide, anguleuse, grise, à la façade rythmée par des alvéoles de béton. Elle est due à l'un des anciens députés-maires, virtuose du clientélisme, le SFIO Jean Montalat, qui voyait l'avenir comme un mouvement d'accroissement continu de la fonction publique. Ce gratte-ciel abrite cinq cents fonctionnaires. Le maire actuel préfère dire « cinq cents emplois » avant de préciser : « Le démolir coûterait dix-huit millions d'euros, le rénover la même somme. »

L'histoire de la sociabilité de la ville est marquée par les protocoles ankylosés qui accompagnaient les généraux souvent en disgrâce, les évêques souvent réactionnaires, comme l'ultramontain Mgr Berthod, farouche et efficace adversaire de l'arrivée du chemin de fer, les préfets en fin ou en creux de carrière. Les évêques s'enorgueillissaient des processions des nombreuses congrégations religieuses d'hommes ou de femmes. Elles se disputaient les âmes et s'employaient à illustrer le dicton ecclésiastique : « *Homo homini lupus, mulier mulieri lupior, sacerdos sacerdoti lupissimus* » (L'homme est un loup pour l'homme, la femme est davantage loup pour la femme, le prêtre est le plus loup pour le prêtre »). Les généraux se flattaient des défilés des pensionnaires de l'école des enfants de troupe, dont Yves Gibeau, ancien élève, brossa le terrifiant portrait dans *Allons z'enfants*. Les jésuites avaient leur collège. Les francs-maçons du Grand-Orient, sans être aussi puissants qu'à Limoges, développaient leurs réseaux et tissaient des hiérarchies parallèles, mais astreignantes.

Pour résumer ce qu'est aujourd'hui « la ville aux sept collines », on peut donner dans la litote : « Ce n'est pas un joyau de l'architecture » (François Hollande, maire de Tulle de 2001 à 2008). On peut préférer une formule littéraire : « C'est une ville improbable » (Bernard Combes, son successeur, réélu au premier tour en 2014). Mais ce sera pour ajouter : « C'est un contre-exemple pour les urbanistes. Tulle a été martyrisée par les architectes, qui n'ont respecté aucune unité architecturale : on y a fait tout et n'importe quoi. » On peut se référer à la petite histoire : « On dit "limogé", mais c'est "tullifié" que l'on devrait dire : les officiers en disgrâce étaient envoyés au 100e régiment d'infanterie, caserné à Tulle. Ce n'est que parce que la région militaire avait son siège à Limoges que l'expression "limoger" s'est installée »

(Alain Albinet, journaliste à l'agence de *La Montagne* à Tulle). On peut rappeler que depuis Charles VII et son fils, le futur Louis XI, en passant par le glorieux évêque Mascaron dont Louis XIV disait : « Son éloquence est une des rares choses qui ne vieillissent pas », tous ceux qui, après avoir descendu la route à pic depuis le plateau, ont franchi la porte d'honneur de Tulle ont eu le sentiment de « tomber dans un gouffre » quand ils n'ont pas comparé cette descente à celle qui mène à l'enfer (Gilbert Beaubatie, agrégé d'histoire et professeur à l'Institut universitaire de formation des maîtres (IUFM), à qui ses élèves lorsqu'ils découvrent la ville disent : « C'est un trou, c'est gris, c'est triste et c'est froid. »)

On peut entrer dans les détails : « Tulle a tout ce qu'il faut pour ne pas y construire une ville : une topographie impossible, une trop grande linéarité, cinq rivières, des collines » (Jean Combasteil, maire communiste de 1977 à 1995 que Jacques Chirac s'est ingénié à faire battre en lui opposant un de ses fidèles, Raymond Max Aubert[1]). « Aubert avait envie d'être maire de Tulle comme moi d'être curé », commente Jean-Paul Valadour, journaliste à l'ancien quotidien communiste *L'Écho du Centre*, qui ajoute : « Aujourd'hui, les élus se battent pour sauver trois bouts de machin, mais la vérité c'est qu'il n'y a plus rien. » On peut préciser qu'il ne s'y passe pas grand-chose,

1. Énarque de la promotion Voltaire, battu en 2001 à l'issue de son mandat, par son camarade François Hollande, qui lui avait ravi son mandat de député en 1997.

comme le fait Jean-Jacques Lauga, ancien commissaire de police à Tulle, puis directeur de la sûreté à Bordeaux : « À peine un petit homicide de temps en temps. À Bordeaux, ville calme, on commet autant de délits en un mois qu'à Tulle en un an. À Tulle, les sessions d'assises ont majoritairement des affaires de mœurs à traiter : viol, pédophilie, inceste. » On peut y aller franco : « C'est une ville grise, enclavée, à la topographie oppressante, où l'on monte et descend des escaliers en permanence, où l'on s'aventure par des mauvais chemins : un huis clos » (Francette Vigneron, chargée de la communication à la médiathèque intercommunale Éric-Rohmer[1]).

Celles et ceux que j'interroge présentent leur ville à rebours des usages : d'ordinaire, pour un visiteur qui débarque, on enjolive volontiers la réalité par petites touches ou à la truelle. Mes interlocuteurs s'abandonnent plutôt au mode mineur. Ils se laissent volontiers aller au péjoratif. En un demi-siècle, de Chirac à Hollande, les Tullistes ont vu défiler des observateurs de tous les continents, venus en essaims pour telle ou telle élection. Trois petits tours et puis s'en furent. Pierre Landry, l'inclassable libraire de la place de la cathédrale en a conclu qu'« un journaliste, c'est quelqu'un qui ne reste qu'un jour ». Pour donner de la couleur locale à leur reportage, ces voyageurs pressés ont balancé quelques commentaires vachards sur la mocheté, la grisaille et la tristesse de Tulle. Préparés à ce phénomène, mes interlocuteurs prennent

1. Née Maurice-Schérer, rue de la Barrière en plein Trech.

les devants. En me signalant les faiblesses de leur ville, ils s'injectent un vaccin qui les protégera de celles que je ne manquerai pas de souligner. Toutefois, à tout hasard, ils s'enquièrent du temps que je pense consacrer à mon exploration de leur cité sans touristes, où nul ne vient sans avoir une obligation à y remplir et où nul ne s'attarde lorsque cette obligation est remplie. Ils insinuent que ce qu'il y a à comprendre n'est pas visible au premier regard. Je réponds que je n'ai pas mis de bornes à la durée de mon séjour et que je reviendrai autant de fois qu'il me semblera nécessaire. Ma déclaration est accueillie au mieux avec scepticisme.

Ce n'est que lorsque j'ai donné les preuves de ma disponibilité que les uns après les autres, et chacun comme en confidence, les Tullistes qui me reçoivent m'initient à ce qui ne se voit pas au premier coup d'œil et, en premier lieu, évoquent les fantômes qui rôdent ici depuis le 9 juin 1944. Ce sont les fantômes des otages pendus, choisis avec des raffinements de cruauté par la 2e division SS Das Reich aux ordres du général Lammerding qui présidera le 10 juin au massacre d'Oradour-sur-Glane et mourra dans son lit en 1971. D'abord, tous les hommes de seize à soixante-cinq ans sont pris en otages. Les SS opèrent ensuite une succession de tris. Des hommes raflés sont relâchés parce qu'ils exercent un « métier utile », ou qu'ils remplissent des fonctions administratives, et aussi selon l'influence de leurs connaissances à la préfecture ou parmi les notables, ou parce que, à tout hasard, un proche a demandé leur grâce. Le tri est un jeu sadique et un prétexte pour compromettre les autorités locales, monter les Tullistes les uns contre les autres et tous contre les maquisards qui viennent de mener pour libérer la ville une attaque qui a échoué. Le nombre de ceux désignés pour l'exécution ne cesse de varier. Les SS finissent par en choisir cent vingt et exigent que la population assiste à leur pendaison aux balcons des maisons, aux arbres de la rue, aux réverbères. Deux industriels et l'ingénieur en chef des Ponts et Chaussées obtiennent quelques libérations. D'autres interventions viennent s'ajouter aux leurs. Quatre-vingt-dix-neuf hommes sont pendus, plusieurs avec une cruauté mal imaginable qui ajoute d'affreuses souffrances à leur supplice. Leurs corps que les Allemands voulaient d'abord balancer dans la rivière sont jetés dans une décharge transformée en charnier au bord de la Corrèze, à Cueille, à la sortie de la ville. Dans les jours qui suivent cent quarante-neuf hommes sont déportés à Dachau. Cent un n'en reviendront pas. L'ectoplasme de la douleur hante encore les survivants et beaucoup de leurs descendants, mais aussi, et peut-être surtout, la culpabilité.

Pour avoir soutenu la thèse d'une faute des maquisards FTP[1] qui auraient mené contre Tulle une attaque mal préparée destinée à montrer que le PCF n'avait pas besoin des gaullistes, ni des Américains, l'historien tulliste Gilbert Beaubatie a été l'objet d'attaques violentes sur l'internet, de dénonciation à l'Inspec-

1. Francs-tireurs et partisans, mouvement de résistance créé par le Parti communiste français fin 1941.

tion générale de l'enseignement, d'interdiction de participer à la fête du livre locale organisée par l'amicale laïque. On ne doit se souvenir *que* des martyrs et du sadisme des SS. Mais comment empêcher une autre culpabilité de tourner dans les têtes et dont la persistance impressionne l'abbé Risso, confident des secrets trop lourds et des interrogations sans réponse ? « Sauver un ami, c'était du même coup condamner un autre homme, inconnu [...] avec pour résultat de ne laisser aux mains des bourreaux que les plus vulnérables, les plus solitaires, les plus faibles ou les plus malchanceux, ceux qui avaient le plus besoin d'être défendus[1]. » Même si l'on n'en parle jamais, comment ne pas y penser toujours ? Et la procession rituelle du 9 juin qui voit chaque année la ville entière refaire le chemin des lieux de pendaison au charnier de Cueille et les enfants des écoles lire l'appel des morts, peut-elle effacer des mémoires les doutes, les questions sur l'absence de réaction de la population, les suspicions, les rancœurs ? Ou en rallume-t-elle les braises ?

La topographie de Tulle est idéale pour ressasser pareilles questions et pareils sentiments. Cette ville en creux paraît dessinée pour la rumination et pour la rumeur. C'est de Tulle qu'Henri-Georges Clouzot a tiré le sujet de son film *Le Corbeau*, en reprenant une affaire de lettres anonymes qui empoisonna la vie de la cité pendant trois ans, entre 1917 et 1920, et trouva sa conclusion judiciaire en 1922.

1. Jacques Delarue, *Crimes et trafics sous l'Occupation*, Fayard, Le Livre de poche, 1971.

De la capacité locale à faire ce que les Québécois appellent des « drames à la noirceur », l'ex-commissaire Lauga se montre encore étonné : « Malgré la faiblesse de la délinquance, le moindre fait divers provoque l'angoisse et la terreur de la population. Elle s'imagine qu'il se passe en province la même chose qu'à Paris, mais il n'y a pas la matière : alors on délire, on extrapole, on se monte le bourrichon. Celui qui assiste à un banal accident de la route racontera une heure après à toute la ville qu'il a vu trois camions de pompiers, des policiers partout, des voitures en feu, des cadavres sur la route, etc. Le ouï-dire amplifie le flux des bobards. Il en va de même pour le moindre des délits. » À Tulle, inventer, recueillir, propager et amplifier des commérages fait tellement partie du génome urbain que pour définir ce passe-temps redoutable et quelquefois vénéneux, on utilise un verbe particulier : « clamper ». Clamper c'est cancaner, débiner, gloser, jaboter, médire. C'est aux femmes que l'on prête la plus grande virtuosité dans cet art. Il est presque codifié : « J'ai appris quelque chose mais je ne peux pas t'en parler. » Si la commère reste imperturbable et ne pose aucune question, elle apprendra toute l'histoire dans les dix minutes. À l'une des extrémités du Trech, en 1984, on a installé un groupe sculpté intitulé *Le Coin des clampes* : deux commères statufiées se chuchotent des potins au-dessus d'une fontaine qui figure la bouche de la vérité.

Quelle autre ville a osé élever un monument à la médisance ? Tulle aurait-elle le sens de l'humour ? Y aurait-il un fondement à cet adage que m'ont répété tous mes interlocuteurs, et d'abord ceux qui ont égrené devant moi la litanie de ces incommodités, de ces insuffisances et de ces égarements que j'ai énumérés jusqu'ici : « C'est en pleurant qu'on arrive à Tulle, c'est en pleurant qu'on la quitte » ? « À vous de voir », semblaient-ils me suggérer ajoutant *mezza voce* qu'au pis, ma prose ne viendrait jamais que s'ajouter aux articles qui débinent leur cité. Cette manière si constante chez mes interlocuteurs de souligner tout ce qui peut déprécier leur ville ne serait-elle pas une provocation, à y regarder de plus près ? Cherchons.

Pour voir Tulle, il faudrait l'avoir vue. Cette lapalissade vient à l'esprit lorsque l'on se rend compte que si personne ne soutient que la ville soit belle, chacun s'accorde à dire qu'elle a été beaucoup plus laide, noire, renfrognée, rébarbative. Les eaux usées se déversaient dans la Corrèze. Ses débordements valurent à la rivière d'être condamnée à l'enchâssement dans une chape de béton. Prise dans ce carcan, l'eau disparut du paysage urbain. Nombre de bâtiments historiques furent successivement rasés, transformés, dénaturés. Ceux qui échappèrent au vandalisme furent négligés et se confondirent dans la grisaille. Par la faute des communistes, disent les uns, qui ne voulaient pas que Tulle soit tournée vers son passé. Par la faute des maçons italiens, rétorque l'ancien maire communiste Combasteil : ils utilisaient un crépi gris et non le traditionnel revêtement blanc à la chaux. Comment se soucier du patrimoine quand le budget municipal, même lorsque la taxe professionnelle l'alimentait confortablement, devait assurer d'incessants travaux de voirie, d'extension du réseau d'alimentation en eau, de constructions de murs de soutènement pour lutter contre l'érosion des collines, et la mise en place d'un système de ramassage scolaire rendu byzantin par les pentes, l'étendue de la ville et la dispersion des logements ?

Tulle était devenue un dortoir pour les fonctionnaires de la préfecture, les militaires encasernés, les couvents, les écoliers, les lycéens, leurs professeurs et les ouvriers de la Manufacture d'armes fière de ses canons pour hélicoptères et pour avions. Pas une rencontre sans qu'il ne soit question de cet autre fantôme, « la Manu », et de ses ouvriers, surnommés les « nez noirs » parce que la poudre des aciers qu'ils travaillaient leur colorait le museau. Une ville dans la ville, avec son gymnase, son école, ses maçons, son garage, son peintre : toutes les tâches étaient internalisées et aucun étranger ne pénétrait dans cette enceinte ; on arrêtait la circulation dans le quartier de Souilhac lorsque la sirène sonnait la fin de la journée, et chaque famille tulliste comptait un employé à la Manu. À l'Assemblée, le député-maire Montalat, vice-président de la commission de la défense, veillait au nourrissage par l'État. En 1970 la Manu, qui avait compté jusqu'à quatre mille cinq cents ouvriers au plus fort de la Première Guerre, salariait encore mille six cents personnes. La concurrence des industries d'armement privées, l'absence d'ateliers de haute technologie, la mondialisation débutante (la concurrence turque), des syndicats sans vision, arc-boutés sur le passé glorieux de la commande publique : l'heure de la fermeture a sonné à la fin des années quatre-vingt. Les choses se sont passées en douceur, beaucoup de préretraites. L'État a privatisé la Manu qui est devenue GIAT industries, emploie à peine cinq cents personnes et a fini par s'installer ailleurs dans la ville. C'est un IUT qui occupe aujourd'hui les lieux. Borg Warner, entreprise étatsunienne, a racheté l'usine Thomson. Elle est en pointe dans l'électronique automobile, mais l'automobile n'est pas le secteur le plus dynamique de notre industrie.

Avec la fin de la Manu, Tulle est passée de vingt et un mille à quinze mille habitants. Brive, la rivale, la cité de ceux que les Tullistes surnomment par dérision les « coujous », les citrouilles, à cause, disent-ils, de leur « grosse tête », Brive, la seulement sous-préfecture, a dépassé les cinquante mille âmes. Brive a le train, Brive a l'autoroute, Brive a l'aéroport : deux liaisons quotidiennes avec Paris, une avec Londres trois fois par semaine et des liaisons d'été à bas coût avec les Pays-Bas, Ajaccio, Nice. Brive a dépossédé Tulle de son tribunal de grande instance par décision de Nicolas Sarkozy, désireux de tirer un tapis sous les pieds de François Hollande, dont la ville est ainsi devenue la seule préfecture de France dépourvue d'un TGI. Brive a eu pour maire, de 1966 à 1995, un potentat gaulliste, Jean Charbonnel. Tulle n'était pas aimée de Chirac, qui lui préférait Ussel, chef-lieu de sa circonscription. Brive la méridionale a attiré les emplois du privé. Tulle la limousine a trusté les emplois de fonctionnaires, mais la révision générale des politiques publiques (RGPP) et ses avatars successifs ont vidé les bâtiments administratifs dont les restes ont été regroupés dans la tour cyranesque. « La RGPP fut notre deuxième sinistre », estime Jean Combasteil.

Il me semble être revenu à la case départ : ce que j'ai appris ne fait que renforcer les premiers éléments fournis par mes interlocuteurs. Ce qui se voit et ce qui ne se voit pas, les apparences et les fantômes conduisent à la même conclusion. Tulle a mangé son pain blanc et même son pain bis. Avoir donné à la République son actuel président ne lui rendra pas un avenir, même si François Hollande a fait revenir le tribunal en 2014, refait à neuf, intérieur et extérieur, pimpant (si l'adjectif peut convenir à un palais de justice et à une ville comme Tulle) et même si son action comme maire a suscité bien des attentes à l'égard du président.

Sous « le François », en effet, la ville a repris des couleurs, la rivière a été débarrassée des garde-corps en béton qui la masquaient, des passerelles la traversent, des bancs publics permettent de la regarder courir. Une partie des quais est redevenue promenade. La place de la cathédrale a été ravalée, repavée, dégagée. Le cloître qui la jouxte offre une parenthèse de silence et d'harmonie. Le centre n'est plus un vaste parking. Aux deux extrémités du couloir urbain, là où le terrain est plat, on trouve désormais, au sud, une médiathèque importante et fréquentée, proche d'un centre sportif et culturel, au nord, un centre aqua-récréatif, une piscine, un stade, un boulodrome. L'ancienne baignade sauvage où le Tulliste apprenait à nager de temps immémoriaux a été aménagée, embellie, équipée, rendue confortable. Chaque fois que c'était possible, les carrefours réglés par des feux de circulation ont été remplacés par ce que le code de la route appelle depuis 2008 des « zones de rencontre ». La vitesse y est limitée à vingt kilomètres-heure, les piétons peuvent circuler sur la chaussée, les vélos se déplacer dans les deux sens. On compte sur la civilité pour régler les rapports entre ceux qui roulent, ceux qui pédalent et ceux qui marchent. Le pari semble réussi et chacun se montre fort patient avec un néophyte de mon acabit.

« La vie culturelle résiste », me fait-on observer plus d'une fois. Le théâtre municipal des Sept Collines, dont la joyeuse façade Art déco tranche avec la fadeur des bâtiments qui le flanquent, donne soixante représentations par an avec un budget d'un million d'euros et une moitié d'abonnés. Sa directrice, Solange Charlot, s'enorgueillit d'une programmation qui mêle spectacles et créations chorégraphiques, jazz, hip-hop, musique savante et musiques du monde, théâtre classique et contemporain et nouvelle chanson française[1]. La dernière saison a été ouverte par un spectacle, *Ma Foi*, présenté en ces termes : « Une bonne sœur adepte de musique électronique livre un

1. Daniel Humair, Louis Sclavis, le quatuor Ébène, dans un programme Haydn, Bartók, Schumann, des percussions iraniennes, *Richard III*, Koltès, Heiner Müller, Alex Beaupain.

office déjanté entre le cours de catéchisme et la leçon d'éducation sexuelle. Un essai loufoque, caustique et décalé, entre "Le Jour du Seigneur" et Tex Avery. » Pour le meilleur et pour le discutable, avec les Sept Collines, Tulle offre davantage que ne peuvent espérer les habitants de bien des villes de quinze mille habitants. Sans compter les festivals : de musique actuelle en octobre, de photo en novembre, de jazz en janvier et, en septembre, la plus courue des rencontres, la grande fête de l'accordéon Les Nuits de nacre. Quatre-vingt-dix concerts – dont seulement cinq payants –, soixante mille spectateurs, tous les genres musicaux, Richard Galliano comme directeur artistique cinq années durant, de l'accordéon dans les rues, sur les places, dans les maisons de retraite, à la prison, dans les écoles, les bars, les entreprises… Tulle est l'une des Mecques européennes du piano à bretelles. Elle le doit à la vaillante entreprise Maugein, qui eut jusqu'à deux cent quatre-vingt-neuf employés (en 1939) et fit de son mieux pour survivre à une guerre mondiale, à l'invasion des yé-yé et, aujourd'hui, à la délocalisation en Chine opérée par les fabricants allemands. À la veille de passer la main, René Lachèze, l'ancien proviseur qui dirige cette manufacture a tenté de monter une SCIC, (une société coopérative d'intérêt collectif). Finalement, ce sont deux investisseurs locaux, aidés par un fonds régional, qui reprendront l'entreprise et onze des dix-sept salariés avec la participation d'un footballeur originaire de

Tulle, Laurent Koscielny, défenseur central d'Arsenal et sélectionné par Didier Deschamps pour jouer au Brésil en 2014.

Trois librairies se partagent les lecteurs, dont Préférences, tenue par Pierre Landry, un Québécois originaire de Gaspésie tombé en amour avec une Française, médecin en vacances, qu'il a rencontrée à l'extrémité nord de sa presqu'île dans un village de bout du monde au nom bilingue Coin du Banc – *Corner of the Beach*. Il l'a suivie à Tulle, à la fin des années quatre-vingt-dix. Dans sa vie d'avant, il avait été poissonnier, peintre en bâtiment, bûcheron. Il avait tenu un restaurant, puis un bar, l'Indépendant. Il était parti pour l'Inde, s'était arrêté en Grèce. Il avait bu tous les alcools. En grande quantité. Il ne touche plus à aucun, mais dans sa librairie, il y a toujours une bouteille de vin et du café pour ceux qui savent prendre le temps d'une conversation, autour de la table ronde installée au milieu des treize mille volumes. La poésie s'y taille une belle part. Et des familles d'auteurs à petit tirage : Pierre Bergounioux, Pierre Michon, Mathieu Riboulet, des romanciers poètes dont les œuvres tournent autour du déracinement, de la question des origines, de l'échec, du style, de l'imposture. « Quand tu as été un petit garçon de la banquise et du caillou et que tu as le bonheur de tomber sur ceux-là… Et quand tu les vends quatre cents fois, tu te dis que tu n'as pas trop mal conduit ta cabane[1]. » Pas d'office, pas de retour : « On passe

1. *La Montagne*, 8 novembre 2012.

sa vie à défaire et à faire des cartons, on n'a pas le temps de lire. » Landry choisit lui-même les livres qu'il vend et qui ont fait de lui le libraire préféré des éditeurs indépendants. Pas de best-sellers en vitrine, mais une réédition des romans noirs de Jean-Patrick Manchette, *Les Origines du totalitarisme* d'Hannah Arendt, *L'Éloge des voyages insensés* de Vassili Golovanov. Pas davantage de produits de la grosse artillerie éditoriale dans les rayons. « Si on m'en demande un, je le commande. » Pierre Landry ne sort pas de sa librairie, ouverte sept jours par semaine. Quand il ne reçoit pas, il lit. Depuis dix ans, à rebours des courants dominant le secteur, il tient et on vient lui rendre visite dans l'espoir de trouver chez lui ce que l'on ne savait pas chercher.

Dans sa clientèle – j'allais écrire dans sa parentèle –, Francette Vigneron figure aux premiers rangs des fidèles et des propagandistes. Ancienne journaliste, employée à la médiathèque, elle s'est passionnée pour l'affaire à l'origine du *Corbeau*. C'est l'histoire d'une érotomane, Angèle Laval, renvoyée de la préfecture pour avoir enfermé dans son bureau un chef de division connu pour multiplier les maîtresses et s'être offerte à lui avec enthousiasme et impudicité, lui réclamant d'être prise et fessée. Elle vit avec sa mère et sa tante Élisa, couturières à domicile qu'elle seconde. Avec les confidences et les potins que recueille Élisa chez ses clientes et les on-dit que récolte sa mère, Angèle se constitue un joli capital de ragots, de secrets, d'indiscrétions. Elle signe « l'Œil de tigre » les lettres qu'elle envoie ou qu'elle dépose et qui apprennent leur infortune aux cocus, leur dol aux héritiers grugés, leur vraie réputation aux notables. Elle excite la convoitise, attise les frustrations, rallume les vieilles querelles de la ville des clampes. Elle moucharde les commerçants fraudeurs, l'impuissance des maris, les femmes comme il faut qui volent à l'étalage, les « dames accrochées aux culottes des curés », le passé trouble d'Untel, les relations douteuses de Telautre, les filles célibataires parties accoucher au loin d'un enfant qu'elles ont abandonné. Elle dénonce même les mauvaises langues et prend la précaution de souiller la mémoire de son père (« mort pourri ») et de proférer à l'encontre d'elle-même quelques menaces. Ses lettres déchirent et excitent la ville pendant plus de trois ans. Puis elles provoquent l'internement psychiatrique et la mort d'un greffier au tribunal. C'est une dictée imposée par le juge d'instruction aux huit femmes qu'il suspecte qui établira sa culpabilité[1]. Les psychiatres obtiendront qu'elle n'écope que d'un mois de prison avec sursis. La ville préfère enterrer l'affaire que protester contre cette mansuétude. Au demeurant, Angèle vivra recluse dans l'immeuble familial, subsistant grâce à l'aide de son frère et aux travaux de couture que lui sous-traite sa tante jusqu'à sa mort en 1967.

Même si la durée et la portée de ce ravageur travail de sape étonnent, ce qui surprend encore plus ce

1. La scène de la dictée, par laquelle Clouzot avait eu vent de l'affaire de l'Œil de tigre, est reproduite très littéralement dans *Le Corbeau*.

sont les obstacles que rencontra Francette Vigneron lorsqu'elle entreprit de retracer, quatre-vingts ans plus tard, l'histoire de l'Œil de tigre. Les démarches pour la décourager furent nombreuses et on l'assura au tribunal que le dossier d'instruction était perdu. Il dormait, avec les cent dix lettres anonymes, dans les archives de la cour d'appel de Limoges. La chroniqueuse obstinée l'y découvrit et reconstitua les années de malfaisance d'Angèle Laval dans un livre publié en 2004. Après la stupeur dans laquelle l'avaient plongée les obstructions multiples au début de ses travaux, Francette Vigneron sera ébahie par l'accueil fait à son récit : elle croule sous les remerciements, des personnes émues aux larmes lui expriment leur gratitude car, grâce à ses travaux, elles ont compris pourquoi leurs parents ou leurs grands-parents leur disaient « de marcher dans la rue les yeux baissés, de ne pas dire bonjour, pour éviter les maléfices ». On demande des conférences à celle qui a purgé Tulle de sa mauvaise mémoire. La fondation Singer-Polignac réunit d'éminents psychiatres pour analyser l'épopée maléfique d'Angèle Laval. Cerise sur le gâteau : une bande dessinée va paraître, réalisée avec un graphiste natif de Brive…

La mise en images tullo-briviste ou brivo-tulliste des turpitudes de l'Œil de tigre n'est l'hirondelle d'aucun printemps dans les rapports entre les deux cités. Pourtant, beaucoup considèrent que l'avenir de la ville préfecture passe par un rapprochement avec la cité des coujous et la constitution entre elles d'une petite métropole. À peine vingt-sept kilomètres les séparent (qu'il faut quand même trois quarts d'heure pour parcourir), mais les préjugés et l'ancienneté des rivalités comptent davantage que les kilomètres. Un rapprochement entre les deux villes pourrait-il passer par le rugby ? Brive a le Club athlétique, une équipe de rugby qui évolue dans le Top 14, le haut du pavé des professionnels. Tulle a le Sporting, qui ne joue qu'en Fédérale 1, la poule de tête des amateurs. Cette différence devrait raviver les antagonismes et relancer les quolibets mutuels. Or elle pourrait bien être gérée harmonieusement.

Après un passé glorieux (je finis par me demander si tous les paragraphes concernant Tulle ne devraient pas commencer par « Après un passé glorieux »), le Sporting avait dégringolé en 1993 dans les oubliettes de la Fédérale 3, au fond du trou. Quelques années plus tard, une bande d'anciens joueurs augmentée de copains supporteurs reprend le club et se donne dix ans pour le remonter en Fédérale 1.

Ce fut un grandiose travail de fourmie. Autour d'un agent SNCF, d'un conseil en gestion d'entreprise et d'un avocat, Philippe Combe, Jean Brousse et Philippe Clarissou, bons vivants, les nouveaux responsables construisirent un réseau de bénévoles, prospectés non pas en fonction de leur goût pour le rugby mais de leur désir de faire vivre leur ville. À ceux qui ne l'avaient pas, le goût du ballon ovale vint avec la fréquentation du stade. Tout ce qui n'est pas l'entraînement et la formation des joueurs est l'affaire des volontaires, depuis l'encadrement des cent vingt élèves de l'école de rugby jusqu'à la confection du casse-croûte d'après entraînement ou du repas d'après match, en passant par l'organisation des déplacements, la collecte de fonds, la chasse aux mécènes. Dans les anciens bains-douches où le rugby a son siège et où les quatre-vingts cadres bénévoles se claquent la bise et se passent le café, la bière, le pastis, ou d'inidentifiables mélanges locaux, l'ambiance est celle des clubs de village avant la professionnalisation. Un bain de jouvence et une douche de fraîcheur.

La situation du rugby est presque une métaphore de celle de la ville. Le Sporting était grand quand Tulle était riche : non seulement le club était largement financé et mécéné, mais la fonction publique locale et, quelquefois, les entreprises offraient un emploi fictif aux joueurs et réel aux anciens joueurs. Désormais, la fonction publique n'embauche plus. Quant aux industriels, c'est autant de leur générosité que de leur capacité à embaucher des nouveaux venus au Sporting que le club a besoin. Il lui faut absolument trouver au joueur un emploi avant la signature du contrat. À cette quête ardue, il faut ajouter le travail d'éducation de leurs recrues, pour beaucoup, des jeunes sans diplôme, restés à la porte de la professionnalisation, ou d'anciens professionnels dont le club n'a plus voulu à moins qu'il n'ait été éjecté de l'une des deux divisions pro. Des garçons qui ne pensent à rien d'autre qu'au rugby et qu'il faut conduire par la main vers la vie active. On voit par là que le rugby est bien plus que le rugby et l'on n'en mesure que davantage la persévérance qu'il a fallu aux dirigeants du club pour réussir, à la fin de la saison 2012-2013, à atteindre leur objectif et à passer en Fédérale 1. Au cours d'une conversation sur place, François Hollande m'avait dit : « C'est une ville qui ne vaut que par ceux qui l'habitent. »

Mais en quoi l'accomplissement de l'ambition du SCT concerne-t-elle les relations entre Tulle et Brive ? La première ne peut et ne veut que rester dans l'univers des amateurs. La seconde a les moyens et la volonté de se maintenir chez les professionnels. Les deux clubs peuvent donc devenir complémentaires. Brive est un pôlc d'excellence mais son centre de formation est soumis à des quotas ; le Sporting pourrait former certains espoirs de Brive, hors quota, et Brive les embaucherait, s'ils faisaient leurs preuves. À l'inverse, Tulle pourrait récupérer les exclus de la professionnalisation et les anciens professionnels. Brive en Top 14 et Tulle en Fédérale 1 pourraient ensemble rendre la Corrèze fière de son rugby.

Certes. Cependant, la fierté ne se mange pas en salade et les conditions pour que le SCT puisse recruter des joueurs resteront difficiles tant que la situation de l'emploi ne s'améliorera pas. Où Tulle pourrait-elle trouver un avenir économique ? Dans la forêt ? Elle couvre 55 % du territoire corrézien, presque quatre fois plus que du temps des Gaulois. Mais la France ne sait pas tirer profit de ses forêts. Vingt millions de mètres cubes devraient être exploités et ne le sont pas. La filière bois d'ameublement est le deuxième poste déficitaire de notre commerce extérieur. La propriété est morcelée, la fiscalité absurde. Peut-être est-ce du côté de l'hydroélectricité qu'il faut chercher les perspectives de développement pour Tulle.

Le renouvellement des concessions des barrages est désormais soumis à la concurrence internationale et, pour faire accepter leurs candidatures, les compagnies rivalisent de promesses de contribution au développement local qui vont nécessairement au-delà de la zone d'implantation des ouvrages d'art et des équipements. EDF est sur les rangs, mais aussi GDF, et des entreprises allemandes, suédoises, italiennes, qui invitent élus, journalistes et notables économiques à visiter leurs installations et à constater leur engagement dans le développement local. Les collectivités territoriales pressentent de substantielles rentrées fiscales. À cinquante kilomètres au sud-est de Tulle, à Redenat, pourrait être réalisé un projet d'une centrale similaire à celle de Montézic, la deuxième en France en termes de capacité de pompage-turbinage. Redenat doublerait la production électrique de la vallée de la Dordogne : un investissement d'un milliard d'euros apportant des retombées financières et des emplois pour le département. L'ancien maire de Tulle était président de l'Association des communes riveraines. Il est devenu président de la République. Ça ne peut pas nuire.

Le président en son royaume...

Pour les socialistes corréziens, François Hollande fut d'abord une déception. Aux législatives de 1981, après la victoire de Mitterrand, contre Jacques Chirac, ils espéraient aligner Jacques Delors, issu d'une famille établie au Lonzac, à trente kilomètres au nord de Tulle. En plus de cette qualité involontaire mais de quelque poids, la notoriété de l'homme, connu depuis sa collaboration au projet de « Nouvelle Société » de Jacques Chaban-Delmas, pouvait lui permettre de ratisser large. Le futur ministre des Finances de Pierre Mauroy ne s'y risqua pas et le PS envoya au front un petit énarque à tête d'énarque, de surcroît normand. « Quand Delors nous a prévenus qu'il déclarait forfait, on a demandé à Paris de nous trouver un Chirac de gauche. À part la Cour des comptes qu'ils ont en commun, on a trouvé qu'ils nous avaient expédié un faux poids. Quand on était allé le chercher en gare de Limoges, on ne savait pas à quoi il ressemblait. On a su que c'était lui quand il s'est trouvé le dernier et le seul sur le quai. Il faisait penser à un personnage d'une chanson de Brel, avec son costume étriqué et son cartable. »

Désigné par Paris, Hollande doit encore être adoubé par les militants corréziens. Il ne le sera que par trois voix, contre un candidat à la candidature rocardien, mais de Brive. Mieux vaut un Parisien qu'un coujou. Le personnage de Brel surprend ses camarades : il fait contre Chirac une campagne opiniâtre et, même si le châtelain de Bity est élu au premier tour, ce n'est qu'avec 50,6 % des voix. En outre, dès son premier essai, Hollande a ravi au parti communiste sa traditionnelle deuxième place et devancé son candidat de près de 5 % des suffrages. Le Normand fait impression.

Normand, il ne l'est que par la naissance. Sa famille s'est installée à Neuilly lorsqu'il avait quatorze ans. Accueilli chez eux par Bernard Chassagne, secrétaire de la section socialiste de Tulle, et sa femme Marie-Claude, documentaliste dans un lycée, il annonce son intention de prendre racine en Corrèze. Dans la ville aux sept collines, personne ne croit à son implantation, même après qu'il en est devenu député, en 1988, à la faveur du redécoupage Pasqua que l'énarque à tête d'énarque a retourné à son profit. Non content d'avoir sanctuarisé la circonscription d'Ussel, tenue par Chirac, son ministre de l'Intérieur a remodelé celle de Tulle de façon à maximiser les chances du candidat RPR en affaiblissant le député communiste. Hollande déjoue ce calcul. Corréziens et Tullistes jaugent le culot et le cœur à l'ouvrage du nouveau venu, mais ce n'est pas sa victoire qui lui vaut d'être adopté : ce sont ses défaites. La première aux élections législatives suivantes, en 1993, la seconde aux municipales de 1995. Chacun croit qu'il va quitter la ville où il n'est plus que conseiller d'opposition. Chacun clampe que le PS va lui trouver une circonscription pure laine où il se refera une santé politique.

Hollande reste. Il est naturalisé corrézien, redevient député en 1997 et conquiert la mairie en 2001. Pendant sa traversée du désert corrézien, chaque fin de semaine, il a rejoint son petit studio attenant à la permanence du PS et « fait le job », avec une séduisante capacité à se souvenir des visages, des noms, des situations. Son successeur Bernard Combes dit ne l'avoir pris qu'une fois en faute. C'était à Lascaux, en basse Corrèze, alors qu'il saluait une électrice : « Comment ça va, Henriette ? Et Lucien ? » Son interlocutrice se décomposa. « Pourquoi vous me dites ça ? Vous savez bien qu'il est mort ! — Ah, c'est vrai. Vous voyez, je n'arrive pas à m'y faire. » Et de lui claquer la bise.

L'incertaine et tardive conversion de Jacques Chirac au hollandisme ne doit pas faire oublier que, longtemps, le patron du RPR ne ménagea pas ses efforts pour avoir la peau de son jeune collègue de la Cour des comptes. Nouveau locataire de l'Élysée, en 2002, il charge son épouse, conseillère générale du canton de Corrèze, de conduire et de cornaquer à Tulle Jean-Pierre Raffarin, le tout frais Premier ministre. Ils ont mission de participer à un meeting de l'adversaire de Hollande. Leur venue est tenue secrète. Hollande, prévenu par un ami témoin de leur arrivée à Brive à bord d'un avion gouvernemental, décide d'accueillir le Premier ministre et la première dame à leur arrivée à Tulle, ès qualités de maire. À leur tour, alors qu'ils roulent vers leur destination, Raffarin et son chaperon sont informés qu'Hollande est au parfum et que l'effet de surprise est dans les choux. Il est trop tard pour reculer sans que cela se sache. C'est la photo de leur brève rencontre avec celui qu'ils devaient éclipser qui fera la une des journaux et c'est à elle que le journal télévisé régional consacrera son sujet. La Corrèze apprécie le culot du rusé compère. Un peu plus tard, il s'y colporte malicieusement un autre épisode des relations musclées entre « Madame » et « le François » : Bernadette Chirac, flanquée du candidat député de son mari, tombe nez à nez sur François Hollande au sortir d'un immeuble où il vient de se livrer aux exercices de porte-à-porte pour lesquels l'épouse du président s'apprêtait à seconder son adversaire... Le personnage de Brel a décidément appris le métier. Il deviendra donc, en 2008, le collègue de Bernadette Chirac au conseil général dont il prendra même la présidence. La loi l'oblige à renoncer à la mairie qu'il confie à son suppléant à l'Assemblée. Il a administré Tulle pendant sept ans.

À l'hiver 2010, je l'avais accompagné pendant plusieurs jours à Tulle et en Corrèze. J'avais pu mesurer sa facilité à entrer en relation avec toutes sortes de personnes, sa disponibilité, sa compréhension d'un terrain que je connaissais bien avant qu'il n'y soit envoyé. Sa gourmandise à raconter l'histoire du département et à en brosser le tableau actuel se doublait d'une impassibilité face aux sondages qui lui accordaient 3 % des suffrages à l'élection présidentielle à venir. Après son accession à la présidence de la République, je l'ai retrouvé à deux reprises dans ce qui reste sa ville : la première année de son mandat, il y est revenu neuf fois, au grand dam d'une partie de son entourage, qui préférerait le voir dans des endroits plus médiatiques. Notre premier rendez-vous sera plus court que prévu : Jérôme Cahuzac a dû reconnaître la veille qu'il possédait un compte bancaire à l'étranger. La majorité tangue, l'opposition tonne. Hollande n'en a pas moins tenu à venir remettre six Légions d'honneur et une rosette du Mérite à deux anciens résistants : une centenaire qui cacha des enfants juifs, un ecclésiastique devenu président du comité corrézien des Amitiés France-URSS ; les autres décorés sont un syndicaliste de la Manu, un président d'association, un élu local et deux chefs d'entreprises innovantes, performantes et exportatrices. Un parfait cocktail hollandais. Le président se sert à peine du papier préparé par ses services. Il déborde largement l'horaire prévu pour la cérémonie, évoquant ses anciennes rencontres avec la et les récipiendaires, soulignant le réconfort qu'il éprouve à être au milieu de gens qui, eux, contrairement à son ministre du Budget qu'il ne nomme pas, « ont toujours eu une exigence morale ». Il s'attarde avec les familles pendant le vin d'honneur et se laisse volontiers accaparer. Par contraste le service d'ordre, l'attaché militaire, la préfète font ressortir par leur visible inquiétude la tranquillité bonhomme et quelquefois goguenarde du président. On doit le presser de rentrer. Il décide de s'offrir une promenade en ville, malgré la présence d'une cinquantaine de manifestants antimariage homosexuel. L'accueil des Tullistes est à la hauteur de son besoin qu'on lui remonte le moral.

Nous nous reverrons à Tulle quelques mois plus tard, lorsqu'il viendra participer aux commémorations du 9 juin. Selon l'usage, il laisse la tête du cortège aux familles des martyrs. Le service de sécurité n'aime pas ça. Après l'appel des morts, il annonce qu'il reviendra l'année suivante et qu'il se rendra ensuite à Oradour-sur-Glane avec la chancelière Merkel.

De son premier séjour, il se souvient de la chaleur écrasante sous laquelle il débuta sa campagne et de son étonnement devant la physionomie de Tulle. « Deux rues grises, des façades noires. » La cité lui semble en deuil. « C'était une ville de labeur, tenue par les communistes pour qui l'esthétique n'était pas une valeur. Ils tenaient à faire oublier le passé. » Quant aux socialistes, autour de l'ancien député-maire Montalat, mort dans un accident de voiture, ils avaient prospéré dans le clientélisme et la franc-maçonnerie. Une subvention par-ci, une exemption de service militaire par-là, un coup de pouce pour entrer à la Manu, à la mairie, voire à la préfecture, « puisque le couple tulliste idéal se composait d'un "nez noir" et d'une fonctionnaire, avec un jardin potager ». Chirac a maintenu la Manu en coma dépassé, puis il a dû se rendre à l'évidence. Mais quand son gouvernement a développé un « plan prison », plutôt que d'agrandir la maison d'arrêt de Tulle, célèbre pour avoir hébergé les officiers du putsch d'Alger, il a préféré faire construire un nouvel établissement à Uzerche. Les Tullistes se sont sentis frustrés de leurs droits acquis aux emplois publics.

Hollande, énarque mais HEC, découvre « une ville sans bourgeoisie, sans entreprise, sans patronat ». À son tour, il est frappé par le poids du souvenir du 9 juin 1944. « "Pourquoi Untel a-t-il été pendu et pas Telautre ? Est-ce que ça aurait pu être évité ?" Ça revenait constamment. Ce sont ces lourdes questions qui ont empêché la ville d'être conquérante. Ça l'a enfoncée dans sa mentalité obsidionale symbolisée par cette tour qui coûte une fortune à entretenir, et qui est là comme l'affirmation de son identité administrative. Ça l'a enfoncée dans son repli sur son rang de préfecture, dans sa rétraction sur la mémoire de la Manu. Le PC a voulu transformer les paysans ouvriers de la Manu en classe ouvrière. Disons en ouvriers paysans, mais d'abord ouvriers. La Manu était l'instrument de cette mutation : on y naît, on y meurt, on fait ses courses aux magasins de la Manu, où l'on a des réductions. C'est de ce souvenir idéalisé et handicapant que j'ai voulu la détacher. »

« Tulle est une ville du Massif central, ronde et fermée, avec un tout petit cœur. J'ai pris mon parti de sa topographie. Je l'ai prise par ses extrémités. Je leur ai donné de l'attractivité, ici avec la médiathèque, là avec les équipements sportifs et une grande salle des fêtes. Mon successeur a achevé les projets commencés, qui demandaient du temps. Pour le centre, j'ai pu aller plus vite. Tout le monde y passe. C'est donc là qu'il fallait traduire très visiblement mon intention de rendre la ville aimable. Le PC avait voulu cacher l'ancien. Il a construit des barres d'immeubles. Il fallait élargir la mémoire, lui permettre de remonter en amont de la Manu. J'ai dit à mon conseil municipal : "Tulle est grise, on va la colorer ; elle ne se parle pas, on va la faire parler. On va réorienter l'activité en direction du sport, de l'alimentation, de la culture." J'ai désincarcéré la rivière, j'ai dégagé la cathédrale, pavé la place, installé le marché sur le quai Baluze, embelli partout où c'était possible. Pour être aimé, il faut être aimable. » Le théâtre est rénové. Le maire assistait aux Nuits de nacre. Le président tiendra à s'y montrer.

« Il a rendu sa fierté à la ville », aurai-je entendu bien des fois à propos de son action municipale, dont il s'amuse à souligner que chaque étape a pourtant été contestée par les Tullistes. « Ils comptent sur moi pour redonner sa place à Tulle, face à Brive et à Ussel. Il leur reste à admettre que leur avenir est avec et non contre ces vieilles rivales. » Quoi que l'on ait pu dire de la ressemblance de Chirac et d'Hollande, c'est un trompe-l'œil. L'ancien président a laissé un désert derrière lui. Son réseau ne tenait qu'à son chef. À partir de 1995, il s'est délité. « La Corrèze ennuyait Chirac : il déléguait, mais à un personnel clientéliste médiocre et parasite. Une personnalité forte écrase tout autour d'elle et rien ne repousse. Les territoires voisins de la Corrèze sont bien plus dynamiques ; les territoires dépendants sont fragiles. Ce sont des subordonnés. Le clientélisme est dangereux. Pour combattre la maladie de la dépendance, il faut faire monter des personnalités qui existent par elles-mêmes. Je m'y suis employé. »

Dans le train du retour vers Paris, un Briviste, ancien collaborateur du gaulliste Charbonnel, me confie avec une pointe de regret, ou d'envie : « Chirac c'était un système, Hollande c'est une méthode. » Quelle méthode ? Celle que résume son mot d'ordre pendant l'une de ses campagnes locales : « constance et circonstances ».

L’île aux néos

Y a-t-il gendarme plus heureux que le gendarme de l’île de Groix ? Presque partout en France, ses collègues sont organisés en communauté de brigades. Leurs activités sont soumises à des directives élaborées dans les bureaux de la Direction générale de la gendarmerie elle-même, depuis Nicolas Sarkozy, intégrée au ministère de l’Intérieur et harcelée d’objurgations de faire du chiffre et de produire des statistiques conformes aux prétentions du gouvernement. Partout, comme la poste, l’école ou les perceptions, les gendarmeries ont déserté les territoires qui leur étaient confiés depuis la réorganisation de la maréchaussée sous Louis XV. Elles en assuraient la sécurité, elles y collectaient les renseignements utiles à une bonne administration, elles y entretenaient les meilleures relations avec ce que leurs écritures saintes appelaient la « partie saine de la population », elles tenaient à l’œil les « mauvais éléments », exerçaient une répression qui tempérait la lettre de la loi par la connaissance des mœurs, des individus, des histoires locales.

La gendarmerie de l'île de Groix, avec son statut de brigade territoriale autonome, constitue une sorte de conservatoire de cette gendarmerie de papa. Ailleurs, passé sept heures du soir, un serveur téléphonique renvoie vers une lointaine entité de permanence assez souvent inapte à juger de l'appel qu'on lui adresse autrement qu'à la lumière des consignes des bureaux. À Groix, si l'on a besoin du gendarme la nuit, il suffit d'envoyer des petits cailloux dans ses fenêtres. Ailleurs, le gendarme se poste en traître le long des départementales et traque le dépassement de vitesse, carnet de contraventions dans sa poche et obligation de remplir un quota à l'esprit. À Groix, ce sont des gendarmes d'Auray qui débarquent de temps en temps pour faire de la police de la route. Qu'ils arrivent par le bateau de Lorient ou par l'une de leurs embarcations de service, ils n'ont pas posé le pied sur l'île que leur arrivée est déjà signalée. La plupart du temps, ils n'ont que des touristes non informés à se mettre sous la dent, des insouciants qui pensent que l'île les affranchit des obligations du continent et n'attachent pas leur ceinture de sécurité ou quelque îlien qui s'est laissé aller au(x) verre(s) de trop. Le gendarme de Groix est dispensé de l'exercice de cette répression : « Nous perdrions la confiance des habitants. » Et lorsqu'un naufrage apporte sur les côtes un jour un chargement de madriers, un autre des conteneurs de couches-culottes, c'est aux douaniers accourus de Lorient et non au gendarme de l'île de veiller à ce que les bénéficiaires de cette fortune de mer déclarent avec scrupule les marchandises qu'ils ont ramassées sur la grève : l'ancien droit dit « de bris » leur permet de les garder pour eux, mais non sans s'acquitter d'une taxe.

L'hiver, donc, le gendarme de Groix s'occupe à entretenir de bonnes relations avec les mille cinq cents habitants de l'île, à calmer les rares conflits qui débordent du cadre privé, à rendre des services, à escorter un camion en panne sur les routes étroites et crevées de nids-de-poule, à causer avec les anciens qui prennent l'air et le soleil sur le port, à jeter un œil sur ceux qui – et ce qu'on – embarquent ou débarquent du bateau qui assure la liaison avec Lorient, à faire de la bobologie sociale, à calmer les plaintes, à surveiller les maisons des rares personnalités qui ont élu résidence secondaire dans l'île. La présence du gendarme assure les Groisillons qu'ils ne sont pas abandonnés et dissuade les méchants, insulaires ou venus de la « grande terre », d'envisager quelque méfait. Son immersion dans la population lui permet de résoudre facilement les problèmes que poseront les envahisseurs des cinq ou six semaines d'été au cours desquelles le peuplement de Groix passe de mille cinq cent cinquante à neuf mille âmes.

Encore ces touristes ne sont-ils que des fauteurs de menus troubles. Le tapage nocturne, les excès d'alcool, la circulation de stupéfiants, rien de tout cela n'atteint des proportions qui mériteraient que l'on s'en alarme. Pas de boîte de nuit, des bars qui ferment au plus tard, l'été, à une heure… Le souci le plus fréquent, ce sont les querelles de comptoir qui se prolongent en bagarres au-dehors. À leur propos, le gendarme a développé une tactique qui lui donne toute satisfaction : ne pas intervenir. « On va au résultat. » La plupart du temps, le vainqueur est calmé par sa victoire et le vaincu se résigne à sa défaite. Mieux vaut conseiller au patron du bar de sortir sa trousse à pharmacie et aux amis des pugilistes d'offrir une tournée que de transformer l'incident en délit. S'il s'avère nécessaire d'user de plus grands moyens, le gendarme peut aller jusqu'à une garde à vue de quatre heures : étant donné l'état des locaux de la brigade, la loi ne l'autorise pas exercer une contrainte plus longue. Elle suffit au dégrisement. S'il en fallait davantage, il faudrait prendre le bateau. Le gendarme ne se souvient pas d'avoir eu à le faire.

Protégé des lubies, des revirements et des foucades des technocrates en uniforme ou en civil qui régissent désormais son arme, utile à une population qui le considère, abrité de la délinquance qui fait la une des journaux télévisés, ignorant de la montée de la violence, à peine informé de celle des incivilités, installé à l'année dans un paysage de vacances, comment le gendarme de l'île de Groix peut-il défendre son poste des jalousies et de la concurrence de ses collègues de la grande terre ? Parce que rien de tel ne le menace. Seuls les volontaires peuvent être envoyés dans l'île et ils ne se bousculent pas. Ils pourraient même venir à manquer. Groix est une gendarmerie pour célibataires : les épouses redoutent une affectation qui les obligerait à vivre sur une île où il n'y a pas de travail. À moins, comme l'adjudant-chef qui commande cette brigade de sept militaires, de laisser sa famille à Lorient et de ne la rejoindre que les jours de permission, mais ces mariages à distance ne tentent que peu de couples, et les plus jeunes moins que les autres. La prévention des femmes de gendarmes contre une mutation à Groix tient aussi à ce que la population de l'île vieillit. La population permanente comme celle des résidents secondaires, deux fois plus importante que la première. L'hiver dernier, deux cafés ont fermé. En plus de n'avoir pas d'occupation et de manquer d'un salaire, la femme de Pandore appréhende de ne pas être facilement intégrée. Elle voit l'ennui la guetter de partout.

Être ou ne pas être accueilli, admis, reconnu, telle est la question qui se pose à quiconque débarque sur une île plus que n'importe où. Longtemps on n'est venu à Groix que pour répondre aux besoins de main-d'œuvre des conserveries de thon, qui assurèrent, en plus de la pêche, une grande époque de prospérité. De deux mille habitants en 1840, l'île passa à cinq mille huit cents en 1911. Aux Groisillons, navigateurs magnifiques, l'équipage des trois cents dundees courant la haute mer de novembre à avril ; aux Groisillonnes et aux « immigrés » les usines de conserverie. Le travail en commun assura vite l'intégration et plus d'un insulaire aujourd'hui jaloux de son identité n'aurait pas à chercher bien haut dans son arbre généalogique pour y trouver un ou plusieurs aïeux venus de l'intérieur pauvre d'une Bretagne crève-la-faim aux familles pléthoriques.

En 1940, Groix est la reine du thon et le thon est le suzerain des Groisillons. C'est sa silhouette découpée dans la tôle, et non celle d'un coq, qui surmonte le clocher de l'église du bourg et remplit l'office de la girouette. Mais ce thon, avec la guerre, a vu le vent de l'abondance tourner à cent quatre-vingts degrés. La navigation en haute mer est interdite par l'occupant, la seule pêche autorisée doit se pratiquer dans les « coureaux », les bas-fonds rocheux entre Groix et Lorient. Encore les trois mille soldats allemands en garnison sur l'île en prélèvent-ils une bonne part. Leur état-major fait venir de Fontevrault cent vingt droits communs pour servir aux troupes de main-d'œuvre corvéable et deux mille Groisillons – plus de la moitié de la population – sont évacués vers la grande terre tandis que ceux admis à rester disputent leur nourriture à un occupant de plus en plus mal ravitaillé et très porté sur les réquisitions. De cette période resteront des histoires sur l'attitude de l'un ou de l'autre. Soixante-dix ans plus tard, on les raconte et elles comptent encore.

Elles servent à entretenir de vieilles querelles et à nourrir d'anciens ressentiments, parmi d'autres anecdotes les unes exactes, les autres exagérées, les troisièmes si anciennes qu'on ne sait si elles relèvent de l'histoire ou de la fable. La rivalité la plus enracinée oppose ceux de Piwisy à ceux de Primiture – les occidentaux de l'île, installés dans la partie pauvre, et les orientaux, mieux favorisés. « À Primiture demeurait la majorité des gens riches alors que Piwisy fournissait plus de matelots que de patrons. Les “Prumeturiz”, comme on disait en breton, regardaient avec des airs de contempteur ces “Puhuiziz”. Mais ces derniers étaient réputés meilleurs marins, plus courageux, plus intrépides, plus astucieux et les femmes plus ardentes à la tâche. Autant de traits de caractère qui se développent dans un environnement plus rude. L'espèce d'hostilité, qui n'était pas du mépris, dans laquelle se tenaient les deux populations a contribué à fixer les familles dans les mêmes aires[1]. » Primiture abrite au bourg l'église principale, plus la chapelle de la Trinité, celle de Locmaria, qui fut longtemps une paroisse de plein exercice et celle du Mené qui pouvait s'enorgueillir d'un vicaire. Piwisy n'a que la modeste chapelle de Quelhuit. Les accents ne sont pas les mêmes, celui de Piwisy est plus guttural, plus rêche que celui de Primiture et le français qu'on y parle est truffé de mots bretons. On ne se marie pas entre Prumeturiz et Puhuiziz. Les enfants de Piwisy sont regardés de haut par les écoliers de Primiture et c'est à Port-Tudy que débarquent passagers et marchandises. Ce sont les villages de Piwisy qui furent les derniers à voir leurs chemins goudronnés et l'électricité ne leur vint qu'après Primiture.

Quatre kilomètres séparent Le Bourg, capitale de l'île et de Primiture, de l'extrémité la plus orientale de Piwisy, Pen Men, et la distance entre Pen Men et Locmaria, le petit port chic – et mal exposé – de Primiture, atteint à peine sept kilomètres. Mais la distance, pas plus que le temps, ne fait rien à l'affaire. Toutefois, entre cet occident et cet orient de l'île,

1. Patrick Leplat, Enguerrand Gourong, *Histoire de l'île de Groix*, http://enguerrand.gourong.free.fr/p02accueil.htm

il manque un relief qui matérialiserait une frontière visible, comme à Ouessant cette faille géologique qui délimite le Sud et le Nord, le pays des feignants et la contrée des bosseurs. Faute de cette marque indiscutable, certains prétendent même qu'il existe à Groix un no man's land, vers le centre de l'île, où l'on échappe à l'opprobre aussi bien qu'à la superbe. La ligne de démarcation est incertaine, elle se situe dans les traditions et la généalogie autant que sur la carte. Chacun est défini par sa famille. « C'est qui ? C'est la sœur de Machin – l'oncle d'Untel – le cousin de Telautre. » Les inimitiés se perpétuent, sans qu'on en sache toujours l'origine ou la cause. Le remembrement a laissé des ressentiments toujours vifs. La vente des maisons ou des terrains aux « néos », les nouveaux arrivants suscite encore des regrets, dont le leitmotiv tourne autour du prix – trop faible, forcément trop faible – ou du sentiment d'une dépossession. Certains Groisillons clament d'abord qu'ils ne vendront qu'à d'autres Groisillons. Faute d'acheteurs, ils se résolvent à traiter avec des horsains.

Le recteur de l'île, qui n'y réside pas mais y passe huit jours par mois et y célèbre vingt-sept messes, assisté par un prêtre congolais, constate à regret que Prumeturiz et Puhuiziz se méfient des nouveaux arrivants, même si ceux-ci font volontiers étalage de leurs bons rapports avec telle ou telle famille indigène. Ce sont pourtant ces néos qui assurent une clientèle non seulement aux activités liés au tourisme, mais aux seules entreprises qui ont et qui donnent du travail, celles qui construisent de nouvelles maisons ou rénovent des anciennes. Mais tout se passe comme si, dans l'esprit des îliens, les néos étaient non le symptôme mais la cause du déclin de la prospérité de Groix.

Après la Libération, quelque effort que firent les armateurs ou les pouvoirs publics, la pêche en haute mer ne revint jamais. Le poisson était là, et même en abondance après les années sans pêche de la guerre, les nouveaux bateaux permettaient un chalutage plus rentable que les anciens dundees mais les équipages manquaient. Les grandes campagnes au nord de l'Écosse où le mauvais temps est terrible et où la glace s'accumule sur le pont n'ont plus trouvé de volontaires. La « petite » pêche est devenue tout aussi rentable que la grande, l'éloignement, le danger, les tracas et les accidents en moins. Puis la petite pêche a diminué à son tour. Les bureaux et les usines offraient des salaires fixes, des horaires définis, des colonies pour les enfants, des prêts pour devenir propriétaire, des mutuelles pour les soins. Il ne reste plus aujourd'hui à Groix que cinq bateaux de pêche côtière, avec un seul homme à bord. Les cinq conserveries ont fermé leurs portes les unes après les autres. Le plus gros employeur de l'île est la mairie. Les tentatives d'aider à l'établissement de télétravailleurs ont échoué. Quelques entrepreneurs ont rencontré – et mérité – le succès, mais ceux-là ne dépendent pas des touristes et vendent sur le continent. Le rejeton d'une ancienne famille, propriétaire d'un bistrot sur le port, s'est risqué à monter un élevage d'ormeaux. Un travail de Romain, des coquillages fragiles, capricieux, imprévisibles, mais savoureux, très recherchés et chers, soixante-dix euros le kilo. Il lui est arrivé de perdre une année d'efforts. « Ça va quand ça va bien », commente-t-il avec bonne humeur. L'un de ses amis, originaire du continent mais familier de l'île depuis ses vacances d'enfant, a repris un parc à moules, aidé par l'Ifremer. Pour résumer les difficultés à travailler à Groix, il dit : « L'île est agréable aux obstinés. » Il a passé plusieurs mois par an à Madagascar, pour former des ostréiculteurs. Il vient d'accepter de leur consacrer ses deux prochaines années, accompagné de sa femme, jusqu'ici l'un des trois médecins de l'île. L'un des deux autres va prendre sa retraite cette année.

Du temps de la pêche hauturière, chaque famille de marins cultivait une parcelle et les chemins étaient juste assez larges pour laisser le passage de la brouette. Lorsque cette corvée n'a plus été nécessaire, les bruyères ont reconquis les terrains. Aujourd'hui, une poignée d'agriculteurs « bio » a repris le flambeau à sa manière. Ils alimentent les marchés et leur circuit court est plébiscité par les consommateurs. Mais au bout du compte, 80 % des emplois dépendent directement du tourisme. C'est dire s'ils sont saisonniers, d'autant plus que, depuis que la liaison avec Lorient a été privatisée et confiée à Veolia, les prix de la traversée ont grimpé en flèche et découragent les séjours de week-end : soixante-quatre euros l'aller-retour pour un couple, des tarifs préférentiels pour îliens et néos remis en cause.

Les touristes ne sont pas arrivés tout de suite après

la fin de la grande pêche. Ils ont montré leur nez vers le milieu des années soixante. Ils ont acheté des maisons ou des terrains. Aucun plan d'urbanisme ne leur a été opposé, aucun semblant d'unité architecturale ne leur a été suggéré. Chacun a fait à sa fantaisie. Il en ressort un invraisemblable patchwork de constructions dans laquelle chaque acquéreur a exprimé son idéal du moi dans les limites de son budget. Ici une miniature de rendez-vous de chasse XVIIIe, là un cabanon marseillais, ailleurs la maison de *Mon Oncle*, plus loin un des modèles de pavillons proposés par les industriels du bâtiment et qui pullulent dans les banlieues, au bout d'un chemin de gravier orné de lampadaires ouvragés, un « Sam'suffit » agrémenté d'une petite tour poivrière ; au milieu de la lande, une bâtisse d'un seul étage, tout en longueur ; entre une longère rénovée et un mini-cottage, un parallélépipède tout en hauteur, avec une pièce par étage ; plus loin encore, une construction basse à la façade peinte couleur fuchsia, dont les fenêtres sont encadrées par de larges volets blancs barrés d'un Z noir corbeau. La peinture des façades semble un exercice de concours pour nombre de propriétaires. Rouge sang, lilas, mauve, jaune citron, bleu marine, vert profond, saumon, rose persan vif ou rose cuisse de nymphe émue… La mode des façades peintes est, pour les uns, venue d'Irlande ; pour les autres, c'est une déclinaison imaginée par les néo-groisillons à partir de la coutume ancienne des pêcheurs de protéger leur maison des intempéries en les recouvrant de la même peinture que leur bateau. Quelle que soit l'explication, le résultat est plus pittoresque qu'heureux, mais le maire défend cette pratique : elle distingue les mœurs de son île de celles, plus strictes et plus snobs à ses yeux en vigueur à Belle-Île, la voisine (à une vingtaine de milles marins) et la rivale, où les constructions sont réglementées et surveillées. Certes, il a bien fallu adopter une réglementation devant le mitage de l'île (surtout de sa partie ouest), ne serait-ce que pour conserver, à l'est, l'une de ces zones sauvages et protégées sans lesquelles le visiteur risque de se faire rare, mais Groix se pique d'un tourisme bon enfant.

Dans la population des néos, une catégorie voit constamment ses effectifs croître, celle des retraités, assez souvent jeunes, qui vivent une partie de l'année dans l'île. Soit pour se socialiser, soit pour se désennuyer, soit encore pour conjurer le cafard qui peut saisir chacun à l'heure où le dernier bateau de la journée quitte le port et où l'on mesure ce qu'un bras de mer peut avoir d'irrémédiable, beaucoup d'entre eux se sont investis dans l'une des vingt-cinq associations (certains en dénombrent cinquante) quand ils ne les ont pas créées. Beaucoup de ces petites sociétés, en effet, sont nées au tout début des années deux mille, précisément lorsque le courant d'installation temporaire de néos à Groix a commencé à faire nombre. Presque toutes ces associations (hormis celles qui gèrent l'école de plongée et l'école de cirque ou La Joyeuse Boule de Piwisy) fonctionnent toute l'année. Leur diversité est patente, mais beaucoup implantent sur l'île des activités que les néos pratiquent – ou rêvent de pratiquer – en ville : relaxation, yoga, karaté, gymnastique et exercices de respiration du qi qong, et autres pratiques nées du souci de soi. Nombre de cercles s'emploient ainsi à favoriser et à soutenir l'expression de cette créativité dont l'homme du XXIe siècle (et la femme) a découvert qu'il en abritait des gisements. Peinture, chant, musiques en tout genre, modélisme, stylisme, atelier de lecture, le jeune retraité qu'est le néo n'a guère d'excuse pour laisser ses talents ou ses appétits en jachère.

L'un des hauts lieux de sociabilité des néos est l'atelier de théâtre baptisé « Île Teatro » dont ils représentent 90 % des membres. Un infatigable infirmier les anime. On n'y badine pas avec le travail de répétition et on peut s'aligner sans rougir face aux compagnies d'amateurs de la grande terre, auxquelles on se mesure dans divers festivals régionaux. Récemment, la troupe a donné une version scénique de *La Ferme des animaux* d'Orwell. L'atelier de couture et de création de vêtements de l'île n'y a pas peu contribué, et le spectacle a mobilisé jusqu'aux enfants des écoles. L'été suivant, c'est en plein air, sur la place du bourg ou sur la plage de Locmaria qu'a été donnée une adaptation de *L'Étoile des mers* de Joseph O'Connor qui raconte la famine de la pomme de terre en Irlande et l'exil qui l'a suivie. Jadis, ce fut un montage de contes bretons. Demain, peut-être une pièce de Pinter, ou des textes de Dubillard, à moins que ce ne soit un Feydeau, ou des poèmes de Jean Tardieu. Chaque nouvel an, la troupe monte une revue autour du personnage imaginaire de Fine, une

Groisillonne aux prises avec le monde moderne. L'an passé, Fine se résolvait non sans mal à porter son argent à la banque. À la veille de la Toussaint, alors que chacun est invité à proposer pour la fête de la soupe une recette de son cru, les comédiens imaginent et présentent des saynètes en rapport avec cette compétition sans prix ni vainqueur. Malgré son parfum de tradition et son apparence d'ancrage dans les siècles, la fête de la soupe est une invention récente : elle remonte à 2011 et fait partie des manifestations à travers lesquelles les néos extériorisent, expriment, manifestent leur progressive prise de possession de l'île.

Les associations les plus nombreuses et les plus achalandées sont en effet celles qui permettent aux néos de faire revivre ou de reprendre le flambeau des savoir-faire ou des modes de vie de l'ancienne Groix, d'en prendre l'attache, de se faufiler dans la continuité de son histoire. Atelier de broderie à l'ancienne, recherche en commun de documents, de cartes et de vieux papiers permettant de retracer l'histoire de l'île et de ses habitants, entretien, mise en valeur ou rénovation du petit patrimoine, et principalement des nombreux lavoirs de l'île (les « douëts »), amis de l'écomusée installé dans une ancienne conserverie (et longtemps fermé pour des raisons de sécurité), randonneurs se donnant rendez-vous pour des balades commentées, club d'orpailleurs de cartes postales qui témoignent de la vie du temps de la grande pêche et des conserveries aussi bien que des paysages d'avant le mitage pavillonnaire, militants de l'association qui gère la réserve naturelle, apprentis assidus au cours de danse et de musique bretonnes, éleveurs et protecteurs de l'abeille noire qui allait disparaître, repreneurs du Malardig, le carnaval groisillon, audacieux qui ne veulent pas laisser disparaître la navigation à la godille, presque toutes les sociétés qui acclimatent le néo, le socialisent et l'enracinent sont nées, je l'ai dit, au début du XXIe siècle, et prospèrent en même temps qu'augmente la population de résidents secondaires et que vieillissent et meurent les autochtones.

Le néo se presse, depuis 2004, aux rencontres des Pauses-café de la mémoire, une sorte d'office mémoriel laïque. Il s'agit de faire revivre tel ou tel personnage, telle ou telle activité, tel ou tel moment du passé de Groix, de retracer l'histoire d'un lieu, d'un bâtiment, d'un navire. L'animateur de ces rendez-vous est un Groisillon passionné, né natif d'un bistrot de Locmaria, qui doit tout à son travail et à son obstination à aller plus loin que le lui permettait un certificat d'études chèrement acquis. Il a d'abord fait plus que quitter l'île, il lui a tourné le dos. À bord des navires marchands puis pour l'Unesco, ses années de pérégrination lui ont fait connaître et fréquenter d'autres civilisations. Il en est revenu au bras d'une épouse allemande et cordon-bleu décidé à se réapproprier cette île qui lui avait semblé une prison. Il s'est lancé avec passion dans un travail d'ethnologue amateur, interrogeant et filmant les derniers pêcheurs au thon, les dernières ouvrières des conserveries, la dernière Groisillonne en coiffe. Ce sont ses innombrables courts-métrages vidéo qui alimentent les

Pauses-café de la mémoire. « Hubert et André, les deux derniers patrons de dundees groisillons », « Marcelle et Marie-Thérèse, enseignantes pendant l'Occupation », « Simone et le café du Clocher », « Le cinéma des familles », tenu par le seul communiste déclaré de l'île et dont le recteur voyait la fréquentation d'un mauvais œil mais que protégeait une religieuse, « L'enfance d'Anaïs à Port-Lay », « Le douët d'Yvonne, de Roselyne et de Paula », « La vie de mousse de Firmin, de Joseph et d'Eugène »...

Les rencontres se partagent entre Primiture et Piwisy, au Pop's Tavern de Locmaria, dans un ancien café de l'ouest, à la salle des fêtes du bourg et à la maison de retraite, rebaptisée comme partout « établissement d'hébergement pour personnes âgées dépendantes » (EPHAD). On y partage le café, le far et les recettes anciennes que ressuscitent l'un(e) ou l'autre des participant(e)s. Le néo y fait provision de passé. Il s'approprie lentement l'île. Il ingère son histoire et ses personnages. Il les fait presque siens. Il se détouristifie. Il n'est plus un vacancier, il se rapproche de l'autochtone. Il devient un Groisillon à temps partiel. Entre cette mémoire acquise et les activités de ses associations, il prend possession de Groix. Sans penser à mal, sans esprit de conquête, simplement en emplissant les vides et les temps morts laissés dans la vie sociale par la disparition dans l'île d'une activité économique autonome et rentable et par le retrait ou la disparition des indigènes. Année après année, le néo trouve ici la consolation et le remède d'une vie urbaine qui l'anonymise et le frustre. Il se réfugie à Groix, il y installe l'expression de son vieux rêve urbain d'une société « sympa », sans conflits majeurs, sans enjeux de pouvoir ou de prérogative, dans de « chouettes » relations avec un voisinage apaisé, avec un ancrage dans un passé plus fantasmé que vécu et qui valorise sa présence. Plutôt que la prendre, le néo bat en retraite. Qui lui jettera la première pierre ?

Un homme pour toute saison

Le moule dont est sorti cet homme a sans doute été cassé. De sa large barbe broussailleuse et blanche avec des traits de noir, comme l'hermine bretonne, s'échappent des mots sonores et un peu avalés. Le plus fréquent est « abominab' ». Il faut en chercher le sens dans le ton sur lequel Jo le prononce. La palette des nuances possibles couvre l'expression de la colère, du désaccord ou du mépris et s'étend jusqu'à l'énonciation de l'étonnement, de l'émerveillement ou de l'encouragement en passant par l'accentuation du caractère hors norme d'un événement, d'une situation, d'un individu. Abominab', la déréliction dans laquelle les pouvoirs publics ont laissé s'enfoncer l'écomusée de Groix jusqu'à devoir le fermer. Abominab', l'abandon du bateau régulier pour la grande terre à une entreprise commerciale. Abominab', l'odeur que dégageait le pressage des sardines saumurées et salées et que lui décrivait sa grand-mère en lui racontant l'époque où Groix n'avait pas encore découvert le thon et Appert la conservation. Abominab' aussi, certaines cuites observées chez

Ti Bedeuff, le bistrot légendaire à mi-pente de la montée de Port-Tudy, connu de tous les navigateurs hauturiers du monde, puis de tous les plaisanciers. Il y coulait le rhum et les chants de marins… Abominab', en 2007, la mort d'Alain Stéphant, dit « Ti Beudeuff » qui tint ce haut lieu pendant trente-cinq ans et dont Jo Le Port fut le second et le frère, depuis le jour où il passa, comme il dit, « de la cale à la cave ».

Le thon fut plus que son premier métier : l'alpha et l'oméga de son enfance, le petit monde de sa famille. Son père pratiquait la grande pêche. Les femmes ruminaient en silence l'histoire des marins qui n'étaient pas revenus. Le souvenir des grandes catastrophes ne s'effaçait pas des mémoires, même lorsqu'elles remontaient à un passé lointain. Aucune épouse n'oubliait le gros temps de l'hiver de 1896-1897. En quatre mois, soixante marins groisillons avaient péri noyés. En une seule nuit, celle du 4 au 5 décembre 1896, quatre bateaux, chacun avec un équipage de six hommes avaient disparu corps et biens. Plus près de la naissance de Jo, trois ans après la Libération, cinq dundees avaient été perdus, et trente marins noyés en 1930. En comparaison, la Grande Guerre avait fait cent soixante-dix morts sur l'île, en cinq ans de combat.

Le pêcheur hauturier laissait l'enfant aux femmes : mère, grand-mère, sœurs, cousines. Pour l'enfant, ce géniteur n'existait qu'en songe et son débarquement était celui d'un inconnu : « Dis bonjour. — Bonjour, monsieur. — Mais c'est papa. — Bonjour, monsieur papa. » Si sa disparition était redoutée, le retour du père était craint. Il allait vouloir tout changer, reprendre la vie de famille en main, tout décider, « casser le mouvement ». Pourtant, il ne restait que deux jours et demi à terre, et quand il repartait pour quinze jours de marée, on lui disait : « Tu pars déjà ? » Lorsqu'il était chanceux, après qu'une grosse tempête l'avait particulièrement malmené, l'homme trouvait un engagement dans la marine marchande. Un mois de vacances pour un an d'embarquement. Les femmes élevaient l'enfant dans la crainte de la mer. La traversée des coureaux sur le bateau de Lorient leur donnait des frayeurs. Pour certaines, parmi les plus âgées, c'est encore vrai aujourd'hui. On ne se risquait à aller sur la grande terre que deux ou trois fois l'an, pour acheter des vêtements, pour assister à un mariage ou à un enterrement. Pour les baptêmes, on ne faisait pas le voyage. Les mères essayaient de dissuader les enfants d'aller à la plage ou de traîner sur la grève à la recherche de restes d'épaves : « Revenez, la mer va vous attraper. » Mais quand le poil venait au menton des garçons, que leur proposer d'autre que de s'embarquer à leur tour ?

Jo a donc connu les embarquements pour le nord du golfe de Gascogne, les navires à bord desquels la pêche se faisait à la ligne, avec un hameçon double, sans chique, qui se décrochait tout seul, afin de ne pas abîmer le poisson. Grâce à la vitesse du bateau, le poisson ne se détachait pas. Les appâts étaient des anguilles de Belle-Île, les leurres de la paille de maïs, de la laine, du crin de cheval. Quand le thon tombait sur le pont, on s'empressait de le tuer très vite : quand le poisson se débat trop, il abîme sa chair. Il fallait le maintenir avec un crochet passé dans son ouïe et lui donner dans le cerveau, par l'arrière de la tête un coup d'un gros clou emmanché sur un assommoir en bois, le « piko ». Une fois le poisson tué, un autre coup de piko dans les ouïes permettait de le vider de son sang. Pour terminer l'opération, le thon était ouvert de l'anus aux ouïes. En retirant les branchies on faisait sortir l'intérieur et on appuyait sur le ventre pour finir d'expulser le sang. Le tout aussi vite que possible, pour pouvoir rapidement remettre une ligne à l'eau et recommencer l'opération.

Du temps du père de Jo, les pêcheurs laissaient le poisson sur le pont en l'arrosant régulièrement. Les campagnes ne duraient guère, sauf par un temps assez sec et assez froid pour allonger la durée de la conservation des thons sur le bateau. La chaleur, l'orage, la brume, le vent de sud-ouest, apportaient la certitude de perdre la pêche : la chair du poisson devenait flasque et commençait à dégager une vilaine odeur. Au retour, chaque conserverie envoyait à bord des « senteuses », chargées d'accepter ou non la pêche. Plus d'une fois, elles la faisaient jeter par-dessus bord. Jo a connu les pains de glace stockés à fond de cale. Il y déposait le poisson précautionneusement : « On s'en occupait comme d'un enfant ». Une bonne pêche comptait soixante-dix thons, des bonites, qui pesaient dans les sept livres, des demis, qui comptaient entre trois et six kilos, des gros, qui affichaient entre six et quinze kilos. Le plus gros thon vu par Jo fit monter la balance jusqu'à cinquante-quatre livres.

Quand il sentit venir la fin de la pêche et que ses campagnes commencèrent à lui peser, Jo embarqua sur le Ti Bedeuff et ne navigua plus que derrière son comptoir, entre les récits des Groisillons et ceux des marins de passage. Cette nouvelle vie lui permit de mieux assouvir l'une de ses plus anciennes passions : l'Histoire. Elle lui était venue à l'école, par défaut. « On nous faisait étudier les cartes de tous les pays d'Europe, mais on ne nous montrait jamais une carte de l'île. » Aucun document n'existait, qui permette de se renseigner sur le passé de Groix. À douze ans, Jo s'est donné un jeu : répertorier les dates de construction des maisons et des monuments et en dresser l'inventaire. À quatorze ans, avec la paye de son premier embarquement, il visite les librairies de Lorient. Pas un livre sur Groix. À la bibliothèque municipale, même absence. L'adolescent essaie de rechercher du côté de l'histoire des familles. L'article qu'il trouve et qui prétend éclairer l'origine des patronymes groisillons est truffé d'erreurs si grossières qu'elles sautent aux yeux d'un garçon de son âge. Jo décide de s'atteler à la tâche. Il s'offre le voyage de Vannes. Aux archives départementales, on lui apporte le registre BMS (baptêmes, mariages, sépultures). « C'était d'une écriture que je parvenais à peine à déchiffrer. Je me suis dit : "Je ne suis pas au vent de ma bouée", mais je m'y suis attelé. » Patience et longueur de temps font que, de séjour à terre en séjour à terre, il note toutes les informations importantes de 1616 à 1900. Emporté par son élan, Jo l'autodidacte épluche aussi les archives de la Compagnie des Indes établie à

Lorient. Il découvre que les trois quarts des marins groisillons d'avant le thon ont fait au moins deux ou trois voyages sous son pavillon. Beaucoup y ont laissé la vie. D'autres se sont établis sur l'île Bourbon ou sur l'île de France (la Réunion et Maurice).

Comme il se heurte à certains obstacles dans ses recherches, Jo décide d'apprendre le breton. Il avait déjà essayé vers l'âge de douze ans mais les grandes personnes l'en avaient dissuadé : qu'aurait-il à y gagner ? À Groix, on ne comptait plus un bretonnant. Une seule ressource, l'apprentissage par correspondance. « Je naviguais, et quand j'arrivais à terre, je faisais un devoir. » Quand ça c'est su, on l'a soupçonné d'être un suppôt de Breiz Atao, le mouvement séparatiste dont les activistes se compromirent avec la Collaboration. Il ne s'agissait pour lui que de se donner les moyens de comprendre son île en en déchiffrant la toponymie et la microtoponymie anciennes. Les notaires, principaux rédacteurs des documents que Jo étudie, n'étaient pas bretonnants. Leurs actes étaient farcis de modifications francisantes de noms de lieux et même de personnes. Seule la connaissance de la langue vernaculaire peut permettre d'établir l'onomastique et d'en titrer les connaissances qui éclaireront l'histoire de l'île, de ses activités, de son peuplement.

L'ancien mousse, ancien pêcheur et ancien barman tient aujourd'hui son rang parmi les savants à diplômes. Sa tête n'en continue pas moins à entrer dans son bonnet. Il a mis volontiers son savoir au service de ceux qui voulaient connaître l'île. Les Pauses-café de la mémoire ont pu un moment s'appuyer sur lui. Il a fini par les délaisser. Peut-être la soif de naturalisation des néos a-t-elle fini par l'agacer, mais il ne s'étendra pas sur le sujet. À quoi bon renauder en vain ? Ce qui est sûr, c'est que le désir de connaître de Jo n'est pas pour lui un désir de repli, ni sur un passé ni sur une terre. Sa curiosité des autres mondes augmente avec sa connaissance du sien. C'est pourquoi il a trouvé un complice, un partenaire et un ami en la personne de Jean-Luc Blain, le fondateur du Festival du film insulaire de Groix, le Fifig.

Reporter au long cours, capable d'explorer les mers sur un bateau construit de ses mains comme de lancer avec Daniel Hamelin la première radio locale de Radio France en Mayenne, envoyé spécial à Ouvéa, familier d'une Irlande au plus haut degré de son incandescence, créateur aux îles Marquises d'une radio qu'il ne quittera qu'après avoir formé de jeunes Polynésiens, Blain est tout sauf un homme qui se paie de mots. Lorsqu'il décide de s'installer à Groix, il y crée onze emplois en ouvrant un restaurant, en inventant dans une pinède le premier parc dont les visiteurs peuvent évoluer sur les cimes des arbres au-dessus de filets de marine et en organisant un festival qui rassemble chaque année au mois d'août les meilleurs des documentaristes qui se sont intéressés aux îles. Le Fifig fera mieux connaître les Marquises, Saint-Pierre-et-Miquelon, Madagascar, Cuba, la Nouvelle-Calédonie, le Groenland, le Sri Lanka, l'Irlande, les îles grecques… Dès la première heure, Jo monte à bord de cette entreprise, ne manque aucune projection, assiste aux concerts des musiques venues des contrées invitées au festival, prête la main à l'organisation, fait connaître son île aux documentaristes et, grâce à eux, l'ouvre sur le monde. En 2013, Jean-Luc Blain succombe à un cancer. Trois mois plus tôt, espérant une rémission sans y croire, il m'embarquait dans un projet de festival de radio.

Le jour de son enterrement, dans l'église de Groix, Jo, s'adressant à son ami défunt, rappela leur voyage commun en Nouvelle-Calédonie, où ils étaient invités par une université du continent : « Nous avions embarqué avec un équipage de soixante personnes de l'université. Toi et moi avec notre vareuse et notre sac, eux gréés comme il faut avec leurs valises. Ils nous ont aussitôt appelés les "marins bretons". À Nouméa, nous suivions différents colloques au centre Jean-Marie-Tjibaou, par contre on préférait mieux un petit restau, plutôt que d'assister aux réceptions en tout genre qui étaient proposées. Quand tous les participants eurent rejoint les cars, nous n'étions plus que trois : toi, moi et le vice-président de la région Aquitaine qui, lui, préférait mieux notre compagnie. Je te dis : "Jean-Luc, on ne peut pas partir comme des sauvages, nous sommes leurs invités, je vais leur chanter une chanson en breton pour les remercier et leur expliquer ce que notre culture subit aussi." J'ai donc chanté le pays, le père et la mère, l'enfance, thèmes chers à leur culture. Chant naïf certes, mais sincère. Ils ont écouté puis nous ont dit : "Nous allons chanter, pour vous seulement, un chant guerrier et un chant religieux", puis nous nous sommes embrassés.

Les autres n'ont rien compris à notre retard, mais nous avions fait ce que notre cœur nous disait de faire. » Et devant le cercueil de Jean-Luc Blain, dit « Jeanjean », Jo Le Port a repris le chant qu'il avait entonné en Nouvelle-Calédonie : des vers d'un poète bretonnant groisillon, chantre des existences simples, Yann-Ber Kaloc'h, tué à l'ennemi en 1917 et dont la statue se dresse au-dessus de Port-Melin, non loin de son hameau d'origine, sur la musique d'un Morbihannais, Jef Le Penven : « *Me zo ganet e kreiz ar mor / Ter lev er maez ; / Ma zad a oa, evel e dadoù, / Ur martolod ; / Bevet en-deus kuzh ha diglod / Ar paour ne gan den e glodoù. / Ma mamm ivez a laboure, / Ha gwenn he blev…* » (« Je suis né au milieu de l'océan / Trois lieues au large ; / Mon père fut, comme ses aïeux, / Simple matelot ; / Il vécut obscur et sans gloire : / Du pauvre, personne ne chante les louanges. / Ma mère aussi travaillait, / Sa chevelure en était blanche… ») Au son de la voix de Jo, l'église de Groix s'est levée d'un seul mouvement. Ce jeudi de décembre, cet homme-là incarnait l'île à laquelle il avait rendu son histoire devant le cercueil de celui qui lui promettait un avenir de nouveau ouvert sur le monde.

Un beau gâchis

La femme se tient debout au pied d'un arbre. De sa main droite, elle tend une pomme à un homme. Contrairement à la quasi-totalité des représentations des deux premiers locataires du paradis dont le bail fut interrompu à la suite de cette scène, on n'aperçoit aucun serpent sardonique mais plutôt une paire de paisibles teckels. L'homme et la femme ne sont pas nus. Ils sont même très habillés : la femme d'une longue robe rouge à parements et d'une dentelle barrée d'une écharpe bleue lestée d'une de ces croix qui marquent les distinctions honorifiques, l'homme d'un uniforme d'officier de marine constellé de plaques et de médailles. Ce clin d'œil à Margrethe II, reine du Danemark depuis 1972 et au prince Henrik, son époux depuis 1967 est l'une des dix-sept tapisseries des Gobelins offertes à la souveraine pour son cinquantième anniversaire. Quoique sur l'une des seize autres on puisse reconnaître Mao Zedong, Che Guevara, Lénine, Churchill et le général de Gaulle, l'ensemble de cette œuvre qui demanda onze ans de travail s'attache essentiellement à retracer l'histoire du Danemark, depuis Harald à la dent bleue, à peu près contemporain d'Hugues Capet et du duc Rollon, jusqu'à Christian X, que la légende a dépeint accrochant l'étoile jaune à son uniforme pour protéger les Juifs de son royaume. Ces dix-sept tapisseries dont les cartons ont été dessinés par le plasticien volontiers provocateur Bjørn Nørgaard (pour l'une de ses installations, il a fait traverser une salle de trading par une jeune fille nue portant une croix) constituent la seule œuvre jamais conçue pour l'étranger par la manufacture des Gobelins dont la savonnerie de Lodève est un des ateliers.

Depuis son rattachement au Mobilier national et donc au ministère de la Culture, en 1966, cent un liciers y ont exercé leur art. Des licières plutôt, puisque l'on ne compte que cinq hommes dans cette cohorte, mais l'emploi du mot reste masculin sans que nul(le) ne semble y trouver à redire et son orthographe est aussi bien « licier » que « lissier ». Avant de relever de la Rue de Valois, l'atelier de Lodève dépendait de la Place Beauvau. C'est qu'à sa création, en 1962, il répondait à une question d'ordre public : que faire des harkis et de leurs familles réfugiés en France après les accords d'Évian ? Fuyant les massacres qui avaient débuté avant que ne sèche l'encre de la « déclaration générale du 18 mars 1962 », obligés sur le chemin de l'exil de franchir ou de contourner de pénibles obstacles dont l'ingéniosité de l'administration renforçait sans cesse la difficulté, arrivés en métropole le plus souvent malgré les autorités françaises, acheminés jusque dans le Midi grâce à des concours privés, et notamment ceux de leurs anciens officiers, soupçonnés par certains gaullistes d'être manipulés par l'OAS, rejetés par de Gaulle qui ne croyait pas à leur intégration, considérés par Pompidou comme un nid de futurs parasites, ferments probables de violences, s'ils venaient à s'installer à proximité des travailleurs algériens immigrés toujours structurés par le FLN, ces anciens soldats français furent, en signe de bienvenue, confiés à la tutelle du ministre de l'Intérieur. Les assassinats, les tortures et les viols perpétrés en masse contre leurs camarades par le FLN à l'été 1962 obligèrent Paris à prendre des dispositions autres que décourageantes pour les candidats à l'exil. Un décret d'août prononça que la majorité d'entre les harkis réfugiés seraient installés dans d'anciens camps militaires (dont certains, comme celui de Rivesaltes, avaient servi à « accueillir » les républicains espagnols), tandis qu'une petite partie de ces anciens supplétifs seraient mis à la disposition de l'Office national des forêts qui manquait d'effectifs et de moyens pour atteindre ses objectifs. Ainsi naquirent soixante-quinze « hameaux de forestage », situés pour la plupart dans le sud-est du pays. Deux de ces hameaux furent créés dans l'arrondissement de Lodève, dans l'Hérault, où s'était établi un rapatrié de Tlemcen, Octave Vitalis, naguère chef d'un atelier de tapis dans cette « perle du Maghreb » fameuse depuis la nuit des temps pour ses panneaux de laine qu'elle exportait en grand nombre. C'est Octave Vitalis qui, en reconnaissant parmi les femmes de harkis quelques anciennes licières, eut l'idée de leur proposer d'enseigner à d'autres le savoir-faire des ateliers de Tlemcen. Son initiative rencontra un assez grand concours de bonnes volontés pour que, quatre ans plus tard, la manufacture de tapis de Lodève quitte le giron du ministre de l'Intérieur. Parmi les cent un lissiers (ou liciers) évoqués plus haut, on compte donc nombre de Djemaa, de Fatima, d'Habiba, de Mimouna, d'Aïcha, de Meriem et de Zohra pour une quinzaine de Marianne, d'Odile ou de (rares) Benoît.

Au milieu d'une histoire, celle des harkis, entachée de reniements, d'abandons et de cynisme, la savonnerie de Lodève prendrait facilement des allures de conte de fées mais d'un conte de fées dont l'action se déroulerait à un train de sénateur. Dix-sept ans après le rattachement aux Gobelins, Paris envoya à l'atelier son chef de la manufacture. La qualité du travail l'amena à doter la petite savonnerie d'un nouvel équipement et à offrir à ses liciers une formation plus complète. Encore quelques années et Lodève n'aura rien à envier à sa maison mère de la capitale, ni à Beauvais, l'autre grand atelier des Gobelins.

Un licier est bien plus qu'un technicien. Il ne reproduit pas le dessin et les couleurs du carton qui lui est confié, il ne le duplique pas, il l'interprète, comme un pianiste une partition. Son premier travail est de trouver l'accord avec le peintre ou le plasticien sur l'œuvre de qui il va passer trois ou quatre ans, quelquefois davantage. Il faut d'abord parler couleurs, et longuement. Celles qui sortent du pinceau peuvent porter le même nom que celles qui teignent la laine, mais elles ne présentent pas le même aspect, elles ne rendent pas de la même manière en points noués qu'en couches de peinture étalées sur le carton. Le nuancier de la savonnerie compte quatorze mille quatre cents tons. Les teintes pâles ne sont pas adaptées à la lice, les pigments faibles résistent mal à la lumière. Les couleurs descendent en intensité une fois à terre. L'échantillonnage est donc présenté sur le sol. En intégrant ces spécificités et toutes celles que le lissier lui révèle, il faut à l'auteur du modèle revenir sur son projet, le revoir. Il garde la décision finale, le dernier mot, pour le meilleur ou... pour l'erreur irréparable. Le plasticien cinétique Agam, à qui l'on doit la fontaine musicale de la Défense, voulait pour son tapis pas moins de deux cents couleurs. Le teinturier l'avertit en vain qu'il n'y en aurait pas plus de cinquante à « passer ». L'artiste ne voulut rien savoir. On produisit à grands frais les deux cents teintes. Le tapis terminé, l'œil le mieux exercé n'en distinguait que cinquante.

Les œuvres produites à Lodève, dans les ateliers modernes, lumineux et ouverts sur la nature inaugurés en 1990, relèvent de toutes les écoles. Dans les collections, voici *Les Moutons* de Lalanne, à qui il ne manquait que la laine de la savonnerie pour accomplir le destin que leur réservait le malicieux sculpteur de *L'Homme à la tête de chou*, qui s'amusa tout au long de sa vie à faire vivre des ovins en bronze, en ciment, monumentaux ou décoratifs, en animaux de compagnie, en sièges ou en banquettes. Tissés tête-bêche à l'intérieur d'une forme ovale, on dirait qu'il s'en faudrait d'un rien pour qu'on les effraye et qu'ils s'égayent. À l'espièglerie délicate de François-Xavier

Lalanne succède l'accueillante rigueur de Jean-Michel Meurice. Toute sa science des combinaisons de structures, de formes et de couleurs a disparu après avoir produit ses effets. Elle s'est dissoute et n'a laissé que ce qui semble le fruit d'un heureux hasard, des feuilles d'arbres qui paraissent tombées au gré des vents, alors que chacune est à la place qui donne son mouvement à ce tapis, baptisé *Suomi*. C'est parce que « le motif central est traité en tapisserie et le reste de la composition tissé en épaisseur, au point noué » qu'on est intrigué et attiré par *Grand Cercle* d'Étienne Hadju, une tête de chardon stylisée qui se détache, bleue sur fond bleu, d'un rond inscrit dans un carré, Dans le catalogue de la savonnerie, comme un cartel placé à côté de l'œuvre, l'une des chefs de travaux, responsable d'un tapis de sa naissance à sa tombée, a écrit : « L'œuvre du peintre est une proposition de départ. Il faut trouver une animation graphique et une animation des surfaces avec des astuces propres au textile. Adapter la matière, la laine, le velours, sans être dans la copie tout en allant dans le sens de l'œuvre avec force et délicatesse. »

Mille cinq cent quatre-vingt-quatre heures ont été nécessaires pour achever *Les Moutons* de Lalanne ; cinq mille huit cent cinquante-six heures et quatre liciers pour le Meurice ; trois mille sept cent trente-six heures et cinq liciers pour le Hadju. Il y a quelques semaines, pour la tombée de métier d'un tapis rond (une rareté) dessiné par Matali Crasset en hommage aux salines d'Arc-et-Senans de Nicolas Ledoux, l'administrateur du Mobilier national, l'artiste qui a composé le carton, le maire, le préfet, le sous-préfet, le député et la conservatrice du musée de Lodève se sont retrouvés pour couper précautionneusement les fils de la trame. Chacun d'eux a donné son coup de ciseaux. Peu de cérémonies sont aussi attendues – et aussi rares que celle-là : en douze ans, le chef d'atelier n'en compte que sept. Sa collègue qui travaille sur un carton du maître franco-coréen Ung Nö Lee me dit qu'elle a bientôt fini. Plus que huit mois. Pour *Mirage* de Nathalie Junot Ponsard, le travail ne fait que commencer : c'est qu'il a fallu passer beaucoup de temps sur toutes les nuances du passage du rouge au violet et du violet au bleu qui est le thème même de l'œuvre et s'assurer de formuler au teinturier une commande impeccable ; ici un carton de François Morellet, une composition de lignes noires sur un fond crème, plus loin *Knossos*, d'Annick Top, deux cartons totalement hétéroclites, l'un minimaliste, au mince trait noir sur fond beige, l'autre qui puise dans l'informatique des foisonnements de formes et de couleurs.

Sur un métier voisin, un carton de Charles Le Brun, originellement dessiné pour la Grande Galerie du Louvre. « Ça ne demande aucune interprétation, dit la licière. Du dessin pur. On l'avait fait en 1680 sur fond blanc, on le refait sur fond noir. Ça plaît à tous les ministres ! » Et que viennent faire ici les ministres ? Eh bien, c'est pour eux que dans cet atelier l'on dessine, échantillonne, kilote, teint, superpose les ensouples verticales de la haute lisse et horizontales de la basse, qu'on divise les nappes de fils, qu'on fait danser les navettes, qu'on ourdit, noue, coupe, range, feutre et, au dernier jour, fait tomber. La manufacture des Gobelins à Lodève, à Paris ou à Beauvais ne travaille que pour l'État, pour ses ministères, pour ses ambassades, pour ses préfectures ou pour tel ou tel de ses palais ou monuments nationaux qui lui aura passé commande, à moins que le ministère de la Culture ne se passe, en quelque sorte, commande à lui-même, via la commission des cartons qu'il réunit deux fois par an, avant d'attribuer l'œuvre achevée à tel ou tel destinataire public. Le plus prestigieux vestige de l'État colbertiste ne vend pas ou plutôt ne se vend qu'à lui-même. Encore le fait-il de moins en moins : à Lodève, en 2001, on comptait trente-deux lissiers. Ils ne sont plus que quatorze. Bien que l'on ait supprimé la possibilité d'entrer à la savonnerie par apprentissage et qu'il ne reste plus pour être admis à acquérir les techniques et les finesses de la lisse que la voie royalement française des concours, les candidatures sont en hausse. Mais l'heure est aux économies, au non-remplacement d'un fonctionnaire sur deux, sans considération pour l'exceptionnel savoir-faire des femmes et des quelques hommes dont les travaux inimitables, hors de portée de l'industrie et des copieurs de tous pays, pourraient constituer un trésor de ressources, d'habileté, de compétences dont il ne faudrait qu'une volonté politique pour faire le fleuron d'un artisanat d'art vendeur et exportateur qui prendrait toute sa place dans l'effort annoncé et proclamé à sons de trompe de redressement productif, de compétitivité et de création d'emplois qualifiés.

Les irréductibles Gascons

Dispersée façon puzzle ! Éparpillée par petits bouts ! Après avoir ravi Vic-Fezensac à la droite qui y était chez elle de temps immémoriaux, après avoir exercé deux mandats dont le bilan positif s'est traduit par une consolidation de la population, en mars 2014 la gauche s'est fait rétamer. Le candidat de la droite a conduit sa liste à la victoire dès le premier tour et par 58 % des voix. En plus de vingt-deux des vingt-sept sièges du conseil municipal, il a raflé les vingt et un postes de conseillers réservés à Vic au conseil de la communauté de communes d'Artagnan en Fezensac. Les clivages idéologiques n'y sont pas pour beaucoup et au niveau de ce bourg il n'y a, entre les deux grandes familles politiques, guère plus de différences que dans le canard, entre le magret et le confit. Bien plus que le retour de la droite, le scrutin de 2014 a marqué la revanche des pentecôtistes sur les empêcheurs de fêter en rond. D'ailleurs le nouveau maire, longtemps cafetier et président des commerçants, n'avait-il pas joué un rôle de premier plan dans la bataille du référendum ? Pas le référendum sur le traité constitutionnel, non, la consultation municipale, autrement passionnante et mobilisatrice, par laquelle les Vicois devaient répondre à cette question : « Faut-il suspendre pour deux ans la feria de Pentecôte ? » En 2011, un tout petit peu plus de la moitié des votants avaient assuré la victoire du « oui » et suivi l'ancien maire, excédé par les dépenses et les nuisances causées par les quarante mille fêtards (ici, on dit « festayres ») venus envahir pendant trois jours ce gros village de trois mille âmes. Pas pour assister aux traditionnelles corridas. Pour boire des coups, chanter (ou beugler, selon l'heure et le degré d'alcoolémie) et se livrer de toutes les façons possibles aux joies, aux éruptions et aux exubérances de ces moments de défoulement bambocheur pour lesquels les Québécois ont inventé l'expression « lâcher son fou ».

Le verdict serré des urnes n'a pas apaisé le climat, au contraire. « Si les jeunes étaient venus voter, le “non”, l'aurait emporté, et de beaucoup », se récriaient les pentecôtistes. « Ce sont les jeunes qui pissent dans les boîtes aux lettres et font de la ville une porcherie, s'indignaient les suspensionnistes, vous ne voudriez pas qu'ils fassent aussi la loi ! » « En tuant la feria, vous transformez Vic en maison de retraite », s'exclamaient les partisans du « non ». « En continuant sur ce pied-là, vous laissez Vic devenir une maison de fous », répliquaient les tenants du « oui ». « Les dégâts ont coûté cent quatre-vingt mille euros à la commune », s'étranglait l'ancien maire. « Une seule journée de feria supprimée représente un manque à gagner de un million trois », répliquait le président du conseil général, de gauche lui aussi. Les fêtards n'ont pas cessé de venir, mais l'accès au centre-ville leur est devenu difficile et aucune animation n'a été mise en place pour les accueillir. La sécurité a été renforcée. Le feu du débat a couvé sous la cendre. Les abstentionnistes de la votation de 2011 ont récité l'acte de contrition. Les commerçants ont fait leurs comptes. Les tenanciers des bodegas qui fleurissaient à la Pentecôte ont fait grise mine. Les festayres de Vic et de la région n'ont pas reconnu leur feria. Les élections municipales ont tranché à l'inverse du référendum. Tout compte fait, Vic, c'est la fête et cela doit le rester. Pas la fête policée à la Jack Lang. La fête païenne, les saturnales, cul par-dessus tête, verre ou bouteille en main, nuits dans ou sous les voitures, défis absurdes ou rigolos, fesses à l'air, troisièmes mi-temps avec dispense des deux premières, gueuloirs jusqu'à plus soif, mais plus soif n'arrive jamais.

Quelques mois plus tard, les pentecôtistes ont beau redresser la tête, ils n'en sont pas moins minés par une lancinante inquiétude. Leur fête résistera-t-elle aux réseaux sociaux et autres flashmobs qui attirent vers Vic-Fezensac un nombre croissant de fêtards venant de régions de plus en plus éloignées et qui, au contraire des festayres, se moquent pas mal de l'endroit où ils se retrouvent, pourvu qu'ils soient nombreux et que leur nombre les rassure, les autorise aux débordements, les protège ? Pour les partisans les plus affirmés de la feria, le tour que prend ce rassemblement représente un souci. Les saturnales, oui, la biture express en petits groupes serrés autour des voitures ou des tentes pendant trois jours et trois nuits, c'est un autre monde. Non seulement ce n'est plus celui de la feria, mais encore ce pourrait être celui qui aura raison de la feria, de cette fête populaire dont la ville garde la mémoire teintée de vague à l'âme et que les témoins décrivent à la fois plus inventive, plus joyeuse, plus maîtrisée, et surtout plus communautaire. Jusqu'à la fin des années soixante-dix, bien avant le jour J, on la mitonnait dans chaque quartier et chaque quartier avait son char. Les habitants le confectionnaient le soir après le travail en vue des deux défilés, les « cavalcades » du dimanche et du lundi soir. En même temps, ils préparaient leurs déguisements, car, à Vic, on adore se déguiser. En réveil, en épouvantail, en forçat, en fromage, en dame de pique, en majorette (surtout si l'on est un homme et de préférence ventru et barbu). On a vu débarquer sans rime ni raison à la piscine municipale une bande de faux pêcheurs en ciré jaune et bottes à mi-cuisse qui balancèrent des sacs de poissons vivants au milieu des baigneurs et sortirent leurs gaules. Le burlesque est religion municipale. C'est l'« esprit de Vic ». Les enfants attendaient Pentecôte bien plus impatiemment que Noël. Les grandes personnes cessaient de l'être et regardaient avec commisération les bourgs et les villes du Gers dépourvus de leur sens des réjouissances communes et privés d'un pareil rendez-vous.

Ce patrimoine immatériel est le seul patrimoine de Vic. Les autres bourgs de la communauté de communes peuvent s'enorgueillir l'un de son château entouré de maisons anciennes, l'autre de son éperon rocheux portant de robustes fortifications, le troisième de ses remparts et de ses maisons à colombages. L'un de ces villages, Lupiac, abrite même le château où naquit d'Artagnan. *Horresco referens*, il n'est pas la propriété du duc Aymeri de Montesquiou-Fezensac (dont le titre est contesté) qui se proclame descendant du mousquetaire, mais celle d'un riche agriculteur ne pouvant exhiber que des quartiers de roture et pas même originaire du département. La détestation immarcescible de ces deux hommes s'est nourrie de leurs joutes électorales pour le Sénat, l'Assemblée nationale ou le conseil général. Aux dernières nouvelles, le duc semble avoir remporté le match : il est sénateur du Gers, il a reçu du Premier ministre, en 2012, le droit d'ajouter « d'Artagnan » à son patronyme, et le Conseil d'État, en 2013, a rejeté le recours formé contre cette décision par un descendant du héros de Maastricht qui s'estimait mieux descendre que lui… Pour agrémenter ce triomphe, le vieux rival du faux duc, privé de tout mandat électif, s'est vu retirer la Légion d'honneur après une condamnation pour détournements de fonds et ne conserve pour tout potage que le château natal du mousquetaire. Dernière touche au tableau, M. de Montesquiou-Fezensac d'Artagnan tire les ficelles de la compagnie des mousquetaires d'Armagnac, sorte de Rotary Club voué à la promotion du Gers et de la Gascogne. Il y côtoyait jusqu'à sa disparition en 2014 un descendant de Porthos dont la fière moustache attestait de l'hérédité. Mes confrères gascons font leurs délices gourmandes des rencontres entre la réalité et la fiction. Ils chérissent les dernières traces des héros de Dumas aussi bien que les bisbilles qui émaillent et épicent les aventures de ceux qui s'en réclament. Dans les gazettes, d'Artagnan, Athos, Porthos et Aramis sont d'abord cadets de Gascogne avant d'être du régiment de M. de Tréville. Pour jouir d'un peu de leur aura touristique, la commune de Casteljaloux a créé une confrérie de mousquetaires, cape rouge et chapeau noir à plume amarante, qui défile le 14 Juillet. On ne sait pas s'ils ont ou non renoncé à la tradition célébrée par Rostand de « faire cocus tous les jaloux ».

Sans château, sans remparts, sans « castelnau », sans descendant de personne, sans personnage de roman ou de théâtre, Vic ne peut aligner qu'une maison où Louis XIV est censé avoir dormi sur le chemin qui le conduisait vers l'infante d'Espagne. S'y ajoutent un reliquat de couvent, une collégiale dotée de quelques restes romans et deux chapelles. La ville a compté jusqu'à vingt-cinq édifices religieux. Les trois qui subsistent ont été défigurés au XIXe et au XXe siècle, comme l'a été l'essentiel du patrimoine de Vic, dont il ne reste que des vestiges au détour de quelque ruelle étroite. La grand-place est enlaidie par une mairie qui jure de façon criarde avec les maisons qui l'entourent. Elle est de style Georges Pompidou tardif, grande époque de vandalisme au cours de laquelle la municipalité vicoise s'est livrée à une débauche de démolitions dont ses prédécesseurs lui avaient donné maints exemples au cours des cent cinquante ans précédents, sans toutefois réfléchir à aucun plan d'urbanisme. Feignant de ne pas jalouser les bourgs historiques voisins, les Vicois mettent en avant leurs arènes. C'est un bâtiment qui porte la marque des années trente, d'abord de trois mille places, aujourd'hui de sept mille, après deux agrandissements. Vingt autres bourgs du Gers disposent d'un pareil édifice, mais aucun d'entre eux n'offre une pareille jauge.

Cette capacité d'accueil atteste de l'importance et de l'attrait des manifestations qui s'y déroulent. Les corridas de Vic occupent une place à part dans l'*afición* française. Elles sont réputées pour établir leur affiche (leur cartel), non en recherchant les matadors les plus appréciés, les plus artistes ou les plus médiatiques, mais les taureaux que l'on espère les plus puissants, les plus braves, les plus armés, les plus fougueux. Ceux que l'on voit foncer sur la cavalerie et cogner dans le caparaçon, des *toros* d'envergure, des bêtes puissantes, qui marchent au combat dès qu'elles entrent en piste. Des fauves. Des aurochs. « Plus proches des animaux dessinés sur les murs de Lascaux ou des minotaures brutaux de Picasso que des bovidés élevés dans une école de cirque tant prisés par Canal + et ses séides, du temps que la chaîne cryptée plantait ses caméras dans les arènes et pourrissait le *mundillo*[1] de son argent. »

L'aficionado vicois qui tient ces propos nourrit une rancune documentée contre la chaîne cryptée et

1. Les éleveurs, les agents, les journalistes, les toreros, les directeurs d'arène, etc.

lui attribue non sans arguments l'invasion des gradins par des consommateurs superficiels et mondains. Plutôt que de retransmettre des corridas dans leur intégralité, Canal + préféra en rassembler les meilleurs moments en une émission hebdomadaire. « Comme si TF1 ou France 2 ne diffusait que les buts des matchs de foot ! Mais la corrida, ce n'est pas ça. Ce sont six taureaux dont chacun peut réserver des surprises et trois toreros dont les efforts peuvent être aussi remarquables que sans effets, et la peine perdue. » Bien que la chaîne cryptée ait cessé de s'intéresser aux matadors depuis plusieurs années, Canal + demeure la bête noire de Vic. C'est elle qui a présidé à l'invasion des arènes de Nîmes ou d'Arles par les pipoles et qui a filmé les gradins où paradaient ces stars et ces starlettes comme s'ils étaient plus importants que la cuadrilla et les matadors. C'est elle qui a vedettarisé les toreros, fait grimper leurs cachets et les a encouragés à des pitreries comme cette corrida dont Jesulín de Ubrique, beau ténébreux, avait réservé l'entrée aux femmes dont beaucoup lui jetèrent leurs culottes. Vic s'est tenue à l'écart de cette dérive. Elle a montré son dos aux pipoles qui ne s'y sont pas frottés deux fois. Elle a continué à choisir pour ses matadors des taureaux dont l'aficionado vicois dit : « Ce sont des Rolling Stones ; nous laissons les Beatles aux autres. »

Il n'empêche. L'inscription de la corrida au patrimoine immatériel de l'Unesco a eu sur les opposants à la corrida le même effet que la muleta sur l'animal. Des activistes peu nombreux mais déterminés se rassemblent pour vilipender les aficionados. Par crainte de leurs débordements, gardes mobiles et CRS sont de plus en plus souvent mobilisés et leurs tenues de maintien de l'ordre ne contribuent pas à enjoliver le paysage, ni à adoucir l'ambiance. De surcroît, leur présence coûte cher : quarante mille euros pour une seule corrida. En face d'eux, les amateurs se raréfient. Le prix des places, entre trente et un et quatre-vingt-cinq euros, en fait hésiter plus d'un. Les jeunes se font rares. La nouvelle direction du Club taurin s'emploie à les attirer, à leur ménager une place dans ses instances, à les former. Son président, l'entreprenant, batailleur et énergiquissime Marcel Garzelli, s'efforce de gérer les courses de manière à en abaisser le coût. Il a mis un terme au mandat d'un prestataire qui revendait neuf mille euros des taureaux achetés sept cents. Il lutte contre le chauvinisme des Vicois qui préférèrent pour trésorier du club un cantonnier dont le seul titre à ce poste était d'être né natif, à un comptable qui présentait la tare d'être venu au monde et de vivre à Auch, à une demi-heure de route.

Garzelli n'a pas la langue dans sa poche et rend les coups qu'il reçoit, sauf ceux qui viennent d'une administration férocement courtelinesque : pour avoir envoyé un bénévole chercher pour un amateur deux cigares au bureau de tabac le plus proche et les avoir revendus à prix coûtant, il a fait l'objet d'un procès-verbal des douanes qui l'ont envoyé devant un tribunal. Il porte la volonté de Vic de faire mieux que ses rivales, Éauze et Mont-de-Marsan. Il veille aux rencontres de fanfares qui agrémentent la corrida et à leurs joutes cordiales et bonhommes. Il préside l'une d'entre elles. Il est au four et au moulin, sans doute ailleurs encore. Il court cent lièvres à la fois et rameute ses troupes. Il ramène pour déjeuner chez lui un inconnu de la veille dont la tête lui est revenue. Il lui fait les honneurs de ses armagnacs ou lui propose de piquer une tête dans la piscine qu'il a creusée. Il ne porte de cravate ni sur sa chemise ni dans sa tête. Les titres ne l'impressionnent pas. À Laurent Fabius, alors propriétaire dans le Gers, qui s'est invité à la feria, il demande qui il est. Son interlocuteur interloqué décline sa qualité de ministre. « Putain, ça ne se devine pas, fallait le dire plus tôt ! » s'amuse Garzelli. « On ne dit pas “putain” à un ministre de la République », le gendarme Fabius. « Possible. Mais on dit “putain” en Gascogne ! »

Livrées à l'*afición* au printemps, fin juillet les arènes sont méconnaissables. Tout ce qui a pu être enlevé a disparu, le sable a fait place à un sol en dur, une scène dotée d'une sonorisation et d'un éclairage dernier cri occupe un gros tiers des gradins et, depuis plus de vingt ans, accueille la crème de la crème de la musique afro-cubaine et de la musique latine. En 2014, la salsa africaine d'Africando précède un orchestre de charanga new-yorkais, Orquesta Broadway, et le dernier des huit concerts est donné par le « pharaon de la salsa », Oscar D'León, et par le groupe antillais Kassav. Autant de noms qui agitent et attirent tant les amateurs de salsa que ceux de Maria Joao Pires ou Esa Pekka Salonen peuvent émouvoir les amateurs de musique classique, ou celui de Cecilia Bartoli les passionnés d'opéra.

Tempo latino provoque à Vic une mobilisation qui fait songer aux récits de la feria d'autrefois. Six cents bénévoles se partagent l'accueil et le transport des artistes, la décoration et l'ameublement des coulisses, la gestion des ressources, la vente des billets, le ravitaillement, la cantine, le contrôle, les tâches ancillaires, le collage des affiches, la gestion du site internet, la karchérisation des écuries puantes où attendaient, il y a quelques semaines, les chevaux des picadors et où vont être installées les loges... Les générations se mélangent. À l'atelier de fabrication des décors, les enfants peignent, les parents clouent, les grands-parents cousent. Patrick s'occupe de la gestion, Melba, son épouse colombienne, assure l'accueil des artistes dont elle parle la langue et raconte avec gourmandise comment elle a toréé celui qui voulait une Rolls, celui qui bouclait sa valise parce que sa chambre n'avait pas de climatisation, celui que l'on ne retrouvait plus à une heure de son entrée en scène. Michel, leur fils, a commencé le bénévolat à six ans : il s'occupait des fontaines éphémères avec un sérieux qui fait encore sourire les plus anciens. À quatorze ans, il était à la billetterie. Aujourd'hui qu'il vit à Toulouse, Tempo représente l'occasion pour ceux de sa génération de se retrouver pour quelques journées intenses. Contrairement à d'autres qui organisent à Paris ou à Toulouse des amicales de leur village natal, c'est en revenant à Vic que la diaspora lui manifeste son attachement, en prenant sa part de l'organisation de la fête de la salsa. Claude assure la restauration des bénévoles : un repas froid à midi, chaud le soir. Son mari, pilote de ligne, a pris en charge la plonge. Dominique, professeur à Auch, s'occupe de la liaison avec l'aéroport de Toulouse et savoure sa chance de rencontrer les artistes qui composent le fond de sa discothèque depuis trente ans. La fourmilière fourmille, les bénévoles se succèdent à la cantine, chacun vaque à sa tâche. Il y a dans l'air un parfum de camaraderie et de bonne humeur.

Éric Duffau, le fondateur et toujours président, principal de collège dans le civil, est un pessimiste actif. Il délègue, il fait confiance, il regarde à la dépense, et d'abord à la sienne : Tempo latino ne met à sa disposition que l'un des rares modèles de téléphone portable qui ne puisse servir qu'à téléphoner. Le désintéressement auquel il veille et dont il donne l'exemple n'a pas empêché les douanes – encore elles – de chercher des poux dans la tête d'un responsable de l'association chargé de l'achat centralisé des boissons. D'autres, quoique simples salariés de leur entreprise en dehors des jours de salsa, ont eu droit à un contrôle fiscal. Certains ont connu un traitement de faveur : aux soupçons du fisc se sont ajoutés ceux des gabelous. Les uns et les autres sont repartis bredouilles et leurs vérifications ont contribué à conforter les liens entre leurs suspects.

Bien qu'assuré par le bénévolat, Tempo peut capoter chaque année. Pour être à l'équilibre, il faut vendre pour ces quatre jours de festival de dix à douze mille billets. Un jour de pluie serait difficile à rattraper. Deux conduiraient à la banqueroute. La plus faste des années fut celle qui se termina par un concert archicomble de Manu Chao : dix-sept mille entrées payantes. Une telle réussite ne réjouit pas que les organisateurs. On calcule que chaque spectateur payant attire au moins quatre touristes non salsaphiles mais conquis par l'atmosphère de ces quatre jours. On avance sur ces bases qu'avec son budget de huit cent mille euros, Tempo latino génère quatre à cinq millions de retombées. Cette manne fait envie : il n'y a donc pas que la météo qui puisse déstabiliser la rencontre. À trente-cinq kilomètres au sud de Vic, Jazz in Marciac, porté à l'origine par le principal du collège et futur maire, l'inspecteur d'académie, le recteur de Toulouse et le saxophoniste Guy Laffitte peut aujourd'hui aligner dans sa programmation Chick Corea, les frères Belmondo, Giovanni Mirabassi, Winston Marsalis, Dee Dee Bridgewater et quantité d'autres pointures. Quinze jours de concerts, soixante-cinq mille entrées payantes, deux cent cinquante mille visiteurs, un budget de trois millions et demi, un off d'une grande diversité, sans oublier les ateliers pédagogiques et les stages d'initiation.

Programmation, affluence, prestige, le succès du festival a donné à ses promoteurs l'ambition de n'être que la « première étape dans un projet de vaste envergure visant à faire de Marciac un pôle culturel et touristique majeur de la région Midi-Pyrénées ». Président de la commission du tourisme au conseil régional, le maire est à la meilleure place pour faire valoir son initiative et en trouver le financement.

Le rôle éminent dont il rêve pour sa ville serait d'autant mieux assuré que Jazz in Marciac occuperait seul le terrain des festivals d'été de la contrée. Aussi ses organisateurs ont-ils choisi de rapprocher les dates de leurs manifestations de celles de Vic, puis de les faire se chevaucher, avant, sans doute, de les amener à se recouvrir. Le public n'est que partiellement le même, mais cette manœuvre pèse sur Tempo latino, sur sa recherche de mécènes et de partenaires, sur les possibilités d'hébergement et sur maints aspects invisibles mais essentiels. Cette concurrence fratricide fragilise les Vicois, toujours à la recherche de dix-neuf sous pour faire un franc dans une période où l'argent est rare.

Pour garder leur public, les tempistes imaginent de mieux attirer les plus âgés en organisant des dégustations de spécialités cubaines et gasconnes, des cours de salsa, des brunchs et même des séances de yoga et de relaxation. Ils assurent aux plus jeunes de bonnes conditions de séjour. Les bénévoles aménagent les terrains de foot et de rugby en campings, y installent des douches et des toilettes provisoires. Les tarifs sont à la portée des bourses modestes : dix euros pour quatre nuits et, pour cent euros, l'entrée à quatre concerts. Éric Duffau et les siens avaient même pensé à organiser des navettes entre le bourg, les arènes et les campings officiels ou sauvages ou d'autres pénates provisoires. La maréchaussée ne l'a pas entendu de cette oreille. « Il faudrait un gendarme dans chaque bus pour effectuer un contrôle d'identité. » La gendarmerie a donc imposé trois uniques points d'arrêt. Elle organise des contrôles à la descente de chaque navette et les renseignements généraux sont partout. On voit par là qu'entre les adversaires de la corrida, les gabelous fureteurs et les pandores qui voient dans chaque amateur de musique afro-cubaine un toxicomane ou un dealer en puissance, il faut une foi solide et une détermination énergique et joyeuse aux Gascons de Vic-Fezensac pour demeurer irréductibles. « On aurait sûrement meilleur temps à organiser des courses de vachettes, des concerts de chansons pour les enfants ou des charlottades pour touristes. Mais nous ne deviendrons pas "Intervilles". »

Dieu reconnaîtra les siens

S'il est dit dans les Évangiles : « Malheur à celui par qui le scandale arrive » (Luc, 17, 1), il y est aussi écrit : « Que ta main gauche ignore ce que fait ta main droite » (Matthieu, 6, 3) et même : « Faites-vous des amis avec l'argent de l'iniquité » (Luc, 16, 9). C'est pourquoi, bien que le siècle, en 1875, clapotât dans la dévotion sulpicienne et la pudibonderie victorienne, les religieuses de la congrégation de l'Immaculée Conception fondée en 1831 par Pélagie Lebreton et le curé Corvaisier à Saint-Méen-le-Grand (Ille-et-Vilaine), décidèrent que le meilleur expédient pour financer une école gratuite serait d'ouvrir un établissement de bains au bout de la presqu'île de Saint-Jacut-de-la-Mer (Côtes-d'Armor), face au splendide archipel des Ébihens. Toutefois, les saintes femmes ne s'abandonnèrent pas à cette audace sans prendre et faire proclamer cette précaution : leur établissement ne recevrait de baigneuses et de baigneurs que s'ils pouvaient présenter une ordonnance de leur médecin. Ainsi la congrégation avancerait-elle en tenant fermement les deux bouts des Écritures. Munis du document exigé, obtenu par nécessité ou par complaisance, il vint assez de clients pour que leurs baignades et leur hébergement financent la restauration de l'ancienne abbaye bénédictine de Saint-Jacut et l'installation, à côté de l'hôtellerie, de l'une de ces écoles destinées aux filles pauvres que les religieuses de l'Immaculée s'employaient depuis leur fondation à multiplier à travers la Bretagne et qu'elles doublaient souvent d'un service aux malades démunis. Les voies du Seigneur peuvent être balnéaires... et l'instruction prospérer sur le farniente.

Près d'un siècle et demi plus tard, la vocation hôtelière de l'abbaye est demeurée vivace, mais aussi son souci des moins fortunés : la pension complète est à cinquante-deux euros trente. (Encore est-il précisé sur le site que « les prix peuvent être adaptés aux situations »). Les familles trouvent ici tout ce qui peut les décharger des soucis habituels et occuper sainement leurs membres, les personnes âgées, tout ce qui peut les rassurer et alléger leur solitude. Les religieuses savent accueillir, écouter, s'intéresser. Les pensionnaires de leur centaine de chambres sont souvent des habitués. Ils ont plaisir à leur faire part des joies, des peines, des surprises et des espoirs de l'année écoulée. Depuis leur précédent séjour. Ils partagent avec elles leurs déceptions, leurs malheurs et leurs deuils. Nulle assistance à l'office n'est requise à l'admission, ni certificat de baptême. Les religieuses ne portent plus qu'une discrète croix. Elles apprécient d'être appelées « ma sœur », mais ne cillent pas si on leur donne du « madame ».

De l'atmosphère familiale, voire familialiste, qui imprègne l'abbaye pendant les périodes de vacances, on déduirait à tort que la communauté de l'Immaculée Conception baigne dans la nostalgie ou qu'elle s'essaie au prosélytisme. Lors du débat sur le mariage homosexuel, les sœurs ont fermement refusé leur soutien aux organisateurs de la Manif pour tous. Pour autant, elles n'ont pas voulu se porter aux côtés d'un de leurs visiteurs familiers, le père Geffray. Professeur retraité, prêtre sans affectation et maire de sa commune natale de six cent cinquante habitants, cet abbé septuagénaire avait soulevé de véhémentes protestations en annonçant qu'en tant qu'officier d'état civil, il respecterait la loi et marierait qui elle autoriserait à se marier, quoi qu'il en pense. « À chacun de se trouver, on n'est pas là pour juger », a déclaré sœur Yvonne, la supérieure, directrice d'une communauté qui, dans sa majorité, penchait plutôt en faveur du nouveau texte et considérait que le mariage gay pourrait bien représenter une forme paradoxale de consolidation de la famille. Des groupes de chrétiens homosexuels ont tenu leurs rencontres à l'abbaye. Les sœurs ne s'en glorifient ni ne s'en excusent : leur maison n'est pas seulement une hôtellerie ou un centre de retraites spirituelles auquel sont assidues d'autres communautés de religieuses, c'est – et ce doit rester – un havre et un foyer où l'on préfère les confrontations aux conciliabules.

Les débats qui animent la société trouvent à Saint-Jacut une hospitalité généreuse et attentive. Mona Ozouf, Jean-Marie Pelt, Régis Debray, Myriam Revault d'Allonnes, Michel Tournier y ont été invités pour des causeries profanes. Elles alternent au long de l'année avec des conférences spirituelles ou des retraites autour de saint Augustin, de Thérèse de Lisieux, des Béatitudes ou des moines de Tibhirine, animées par des jésuites, des dominicains, des franciscains ou tel ou tel évêque d'« ouverture », mal en cour avec *L'Osservatore romano* et plus mal encore avec les intégristes. Les portes de l'abbaye ont été ouvertes à un colloque sur Jean Sulivan, dont la mémoire rassemble des chrétiens qui, comme ce prêtre et romancier, parlent de l'Église comme « [leur] mère et [leur] croix ». Ce public d'électrons libres et de marginaux, sans constituer un noyau d'habitués de Saint-Jacut, y trouve sinon un foyer, au moins un terrain d'écoute et un lieu d'accueil. Le crédit intellectuel de la maison déborde largement des frontières de la Bretagne. Jadis, c'est à l'abbaye que le dominicain économiste Louis-Joseph Le Bret, fondateur d'Économie et humanisme, rédigea le premier jet de l'encyclique *Populorum progressio* dans laquelle Paul VI affirmait que la question sociale était devenue mondiale et en appelait à un développement solidaire de l'humanité.

Yohann Abiven, jeune directeur de l'abbaye depuis septembre 2010, auteur d'une thèse de science politique sur les rapports de la bourgeoisie et de l'Église catholique aux XIXe et XXe siècles et contributeur occasionnel du *Monde diplomatique* et de *Témoignage chrétien*, invité à son arrivée à trouver pour Saint-Jacut une dénomination qui mette en avant cette diversité des activités et cette ouverture, a proposé aux religieuses, en manière de boutade, de rebaptiser l'abbaye « maison de tolérance ». Bien qu'elles soient d'accord pour accepter l'« institutionnalisation de la pulvérisation de l'Église catholique », les sœurs ont préféré « maison d'accueil ». Certaines d'entre elles exercent ici depuis très longtemps. Sœur Marie-Thérèse, qui nous apporte deux pots de confiture de fruits rouges (un pour mon assistant et un pour moi) au moment où nous bouclons nos valises, a derrière elle seize ans de maison. *Nolens, volens*, la voilà mutée à Rennes. L'âge, la santé... Elle ne sera pas remplacée. Il ne restera donc à Saint-Jacut que six religieuses, âgées de soixante-dix à quatre-vingt-cinq ans. Leur présence rassure ceux qui font l'essentiel de leur clientèle hôtelière : les familles nombreuses pratiquantes. Ce sont des chalands qui n'apprécient guère le « progressisme » des sœurs mais qui, faute de grives, se contentent de ces merles. La communauté se refuse à dépendre de ce public, mais elle ne peut ni ne veut se fermer à lui. Sa tradition d'accueil s'y oppose, sa situation financière l'y oblige.

Longtemps prospère, grâce à ses propriétés foncières et immobilières, dont beaucoup lui venaient de pieux legs, l'Immaculée Conception est désormais obligée de « faire attention » : il lui faut payer les retraites de ses membres, or tous ses membres sont à la retraite, même si chacune travaille autant qu'à l'époque où elle était officiellement active. Les bâtiments demandent des travaux d'entretien et de modernisation. Les projets d'activités nécessitent des financements. Six congrégations ont décidé de mettre en commun la gestion de leur patrimoine. Elles ont lancé un appel d'offres. Treize banques ont répondu, y compris Rothschild, souligne avec amusement Louis Pilard, l'ancien du Crédit agricole qui conseille ce consortium de congrégations et milite dans l'association Bretagne espérance et solidarité, inspirée par Économie et humanisme et par la pensée des successeurs du père Le Bret. Mais les familles nombreuses reviendront-elles lorsque les dernières religieuses auront dû partir ? Et qu'adviendra-t-il, après leur disparition, de cet établissement voué aux rencontres, aux dialogues et aux échanges, de ce lieu où se retrouve une bonne partie de ce que la Bretagne compte de chrétiens, certains encore pratiquants, plus souvent saisonniers que réguliers, mais surtout de croyants en cessation d'activité ou en rupture frontale avec l'Église ? Saint-Jacut est le dernier lien entre les vestiges de ceux qu'on dénommait « cathos de gauche » et qui, pour ce qui reste de leur troupe, parlent désormais d'eux-mêmes comme de « chrétiens d'ouverture » et leurs frères presque séparés, en tout cas éloignés, qui se dénomment « chrétiens enfouis » et ne veulent plus avoir affaire à une institution qui a trahi *Populorum progressio* avec *Humanae vitae*, l'autre encyclique de Paul VI, celle qui déclara « intrinsèquement déshonnête » toute méthode artificielle de régulation des naissances, malgré l'avis de quinze des dix-neuf membres de la commission pontificale pour l'étude de la population, de la famille et de la natalité.

Saint-Jacut reste l'un des plus importants lieux de rencontre de ce qui reste de l'Église conciliaire et de laïcs engagés dans l'aggiornamento du syndicalisme et de la politique. L'inventaire reste à faire de ce que leur doit l'exceptionnelle transformation de la Bretagne commencée dans les années cinquante, lorsque 90 % des logements ruraux étaient sans eau courante contre 34 % dans le reste du pays, et portée à un rythme soutenu à partir des années soixante dix. Issus de la JEC, formés par la JAC, organisés par la JOC, combien d'étudiants, de paysans et d'ouvriers bretons sont allés irriguer les syndicats et les organisations de leurs milieux professionnels ? Combien ont occupés des responsabilités de premier plan dans la réorganisation de l'agriculture et de la pêche bretonnes, dans l'aménagement du territoire et la rénovation des routes et des transports, dans le développement d'une vie universitaire, la croissance d'une agro-industrie, la rationalisation de la sylviculture, le développement des associations et, pour chacun de ces secteurs d'activité, dans le renouvellement des générations jusques et y compris dans l'univers où les positions acquises sont les plus difficiles à bousculer ou à renverser, la politique ? Combien, galvanisés par Vatican II et par le rapport de Mgr Matagrin affirmant à la conférence des évêques, en 1972, la nécessité de l'engagement et la légitimité de la divergence des choix politiques ont contribué à une nouvelle et active définition de la laïcité, avec pour devise cette parole d'Évangile : « Si le grain de blé qui est tombé en terre ne meurt, il reste seul ; mais, s'il meurt, il porte beaucoup de fruits » (Jean, 12, 24) ?

En Bretagne, c'est dans les anciennes Côtes-du-Nord devenues Côtes-d'Armor, que s'est épanouie cette gauche que Jean-Pierre Chevènement baptisa avec mépris « gauche américaine », avant de finir lui-même dans une sorte de social-boulangisme. L'un des marqueurs les plus forts de ce courant fut exposé par Michel Rocard, scout pendant quatorze ans, lorsqu'à Grenoble, en 1966, il présenta à son parti, le PSU, un ensemble de rapports intitulé « Décoloniser la province[1] ». La « mécanique centralisatrice et stérilisatrice que représente l'État » y était pressée de céder la place au chantier d'une réforme institutionnelle, un « remembrement administratif » qui corrige les déséquilibres régionaux et libère les initiatives locales. Le ridicule des chamailleries internes du Parti socialiste unifié, le gongorisme de tant de ses communiqués, le dérisoire de ses luttes de tendances et de ses batailles de motions demeurent dans la mémoire de quiconque s'est intéressé à la vie poli-

1. La lecture ou la relecture de ce document est un bain de jouvence en même temps qu'un puissant tonique : clarté de l'expression et de l'exposition, probité du raisonnement, retenue du ton, simplicité du vocabulaire, toutes qualités mises au service d'une vue élevée de l'action publique dont des décennies de charlatanisme technocratique et de maraboutage de communicants ont fini par effacer le souvenir et ruiner jusqu'à l'idée qu'elles puissent avoir quoi que ce soit à faire avec la politique (www.esu-psu-unef.com/DOC/05-ESU%20PSU/66-12_RocardDecoloniser.pdf).

tique sous la Ve République, et notamment entre 1960, date de la fondation du PSU, et la fin de 1974, moment où Rocard et les siens rejoignirent le parti socialiste de François Mitterrand, laissant leur jeune « vieille maison » à de pittoresques variétés de trotskistes, pablistes, lambertistes, franckistes, tous fervents et irréconciliables adeptes de la reproduction par scissiparité. Mais ce théâtre d'ombres et de matamores bavards ne doit pas masquer la profusion d'idées neuves dont il fut la matrice, ni la pépinière d'initiatives locales dont les militants du PSU furent les principaux acteurs, particulièrement en Bretagne.

Réuni en 2009 à Rennes, le colloque « Le PSU vu d'en bas » s'employa à remettre l'Église au milieu des transformations du village breton. Les contributeurs soulignèrent à quel point militer au PSU était envisagé, particulièrement par les adhérents catholiques, comme un moyen de faire de la politique autrement, de mettre l'accent sur la question sociale et la question économique et non sur les seules perspectives de conquête du pouvoir d'État. « La naissance du PSU a donc entraîné une redéfinition du christianisme de gauche et un repositionnement vis-à-vis du syndicalisme, notamment en lien avec la CFDT. Ce souci de l'autre, ce militantisme moral, cette importance de la justice sociale se sont traduits par un polyengagement, comme l'ont démontré les approches biographiques. En lien avec les différents mouvements sociaux à l'œuvre dans la France de la décennie 1970, quel était alors l'intérêt de militer au PSU ? Visiblement construire et trouver une nouvelle offre politique, en phase avec une société en mouvement[1]. »

Militer autrement, c'est d'abord militer devant sa porte plutôt qu'à Paris, où tant de sujets sont traités hors sol. « Pour que le développement régional soit pris en main par les intéressés, affirmait le rapport présenté par Rocard, il faut que ceux-ci restent sur place, connaissent leur région, la vivent et en vivent, avec pour principal objet de contribuer à sa croissance, leur promotion personnelle en résultant. Briser les rites qui font terminer la plupart des carrières à Paris, mettre fin aux avantages financiers associés à ces fins de carrière à Paris, obliger non seulement les fonctionnaires, mais les professeurs d'enseignement supérieur, les architectes et les ingénieurs travaillant pour une région, à y résider, tout cela est sans doute la condition première grâce à laquelle, sous une dizaine d'années, les milieux de vie auront retrouvé la richesse et la vitalité nécessaires pour qu'il leur soit possible d'assumer effectivement la responsabilité du développement de leur région. » Ceux qui suivirent cette ligne la suivirent si diligemment que, pour beaucoup, ils devinrent les responsables des organisations qu'ils se proposaient de réformer et de réorienter[2]. Les propriétaires d'*Ouest-France*, « si

1. François Prigent, Centre de recherches historiques de l'Ouest (CERHIO).

2. « Pépinière militante en ébullition par l'apport novateur au niveau des idées, des filières d'adhésion, des interactions avec d'autres milieux, le PSU participe d'un renouvellement

solidement et depuis si longtemps dans ses terres qu'il a fini par s'intégrer au paysage, comme les abers, les calvaires, les rivières, les côtes déchiquetées ou les landes venteuses[1] », marqués par la doctrine sociale de l'Église autant que par un patriotisme breton bien tempéré, sauront les mettre en lumière, soutenir leurs initiatives et, finalement les aider à faire, au fil des années, basculer, la Bretagne à gauche en prenant, sous la bannière du parti socialiste, le conseil général des Côtes-d'Armor dès 1976, puis celui du Finistère en 1998, enfin celui de l'Ille-et-Vilaine et le conseil de région en 2004. Trois présidences de conseils généraux sur quatre, vingt et un députés sur vingt-six, douze sénateurs sur quatorze et près de 57 % des voix à François Hollande en 2012.

Cette transformation politique impressionnante,

---

des générations à gauche, dont les recompositions perpétuelles dévoilent au final des PSU résolument pluriels. Magma de tendances difficilement réductibles à des sous-ensembles délimités, l'appartenance au PSU recouvre une hétérogénéité de références politiques allant du socialisme unitaire à l'auberge espagnole de la radicalité (autogestionnaire ou groupusculaire), qui bouscule les clivages identitaires de la gauche, à l'instar du rapport au marqueur originel de la laïcité. Parti socialiste transitoire et atypique, le PSU s'apparente en Bretagne à une passerelle politique, intégré par touches successives entre 1967 et 1982 à la refondation des réseaux socialistes. Matrice du socialisme version PS, l'aventure PSU est celle d'un lieu de passage qui influence les itinéraires militants », François Prigent, *ibid.*

1. Olivier Le Naire, « La maison *Ouest-France* », *L'Express*, édition régionale Bretagne, Normandie, Pays-de-la-Loire, 4 février 2010.

cette révolution économique spectaculaire ont-elles dévoré leurs enfants ? Parvenus aux responsabilités, les socialistes gèrent la crise, arrivés à leur apogée, l'agriculture et l'élevage intensifs sont cloués au pilori, quant à l'Église qui avait vu et fait grandir les agents de ces changements telluriques, elle n'a plus guère de prêtres, et presque tous âgés, et pas beaucoup de paroissiens. Le grain est mort, il a porté des fruits mais les fruits ne reconnaissent plus leur arbre.

Des anciens de cette Église, des ci-devant cathos de gauche, le père Élie Geffray soixante-quatorze ans, préside à l'enterrement de beaucoup. C'est eux qui lui ont demandé, ou plutôt enjoint de leur rendre cet ultime service, en exprimant un anticléricalisme dont la virulence impressionne jusqu'à cet électron libre disciple de Georges Palante, le modèle du Cripure de Louis Guilloux. Comme Palante, dont Grenier, Camus, Malraux ou Gide ont été les lecteurs admiratifs et influencés, Élie Geffray croit à la nécessité du conflit permanent entre socialisation et individualisme et, pour lui, l'équilibre entre les deux n'est pas un point fixe mais un balancier, l'effet d'une tension dynamique, tout comme sa vie de prêtre est marquée par une tension entre l'Évangile et l'Église. Les anciens cathos qu'il enterre, l'abbé a écouté leur désarroi et même leur dégoût face à une institution qui les avait conduits aux avant-postes d'une société dont elle n'a tout à coup plus rien voulu savoir ni entendre et qu'elle s'est (re)mise à traiter comme un peuple à gouverner. Après *Humanae vitae* et tout ce qui s'est ensuivi, la plupart de ses vieux camarades se sont enfoncés dans le militantisme politique ou dans leur activité professionnelle, ils ont brinquebalé en tâchant de ne rien perdre de leurs valeurs dans les cahots du chemin. S'ils se sont engagés dans la vie associative, dans le travail social ou dans l'économie solidaire et que quelqu'un leur fait observer que cet engagement est l'héritage de leur christianisme, ils le dénient et ils se fâchent. Leur rejet de l'institution ecclésiale est tranchant, souvent violent et parfois amer. Certains ont conservé un attachement affectueux pour tel ou tel prêtre, mais pour lui seulement. Comme l'avait dit à Élie l'un de ses amis professeur dans un collège de frères, « si ce n'est pas toi qui m'enterres, je ne passerai pas par l'église ». C'est Élie qui l'a enterré. Dans l'église, les socialistes (de vieux rocardiens) avaient pris place à la croisée du transept, les frères du collège dans le transept nord, les amis de la paroisse dans le transept sud, et dans le narthex, près de la porte, les francs-maçons. Au début de la cérémonie, le fils du défunt a déposé sur le cercueil un objet dont son père lui avait dit qu'il avait marqué sa vie. C'est ainsi qu'à la fin de la messe, rocardiens, frères des écoles chrétiennes, paroissiens et francs-maçons ont défilé pour bénir... les mémoires de François Mitterrand.

À côté ou dans les parages, ou ailleurs que dans ce catholicisme zombie, quelques poignées de baptisés en rupture croient en un printemps chrétien. Ils se veulent « des hommes et des femmes aptes à parler l'Évangile, à le reconnaître », comme les entrevoyait le père Joseph Lemarchand, romancier du *Bonheur des rebelles* et de *Du côté de l'ombre* sous le nom de Jean Sulivan. Ils se présentent, écrit l'un d'entre eux, Jean Lavoué, comme (des personnes) qui tentent d'esquisser dans l'obscur la forme que prend déjà la foi dans les consciences d'aujourd'hui, qui ont faim et soif d'une parole désintéressée, d'une Église qui s'oublierait elle-même. Ceux-là sont ceux qui se définissent comme des chrétiens enfouis. Parmi les lieux de culte et de prière, très peu leur semblent fréquentables, beaucoup leur inspirent une aversion physique. Pour eux, il y a longtemps que « catholique » ne veut plus dire « universel ».

En face ou à côté de ce catholicisme zombie, en tout cas autre part, demeure une Église qui se pense comme une contre-société, s'imagine organisant la conquête des esprits et des cœurs, multiplie les signes d'appartenance et s'épanouit dans l'institution. Les rares jeunes prêtres semblent regretter la soutane et ne se contenter qu'à regret du col romain. Élie Geffray redoute que ce col ne soit un collier et qu'au bout du collier il n'y ait une laisse. « Ils marchent en rang serré derrière les évêques. Ils cherchent à être à part dans la société. Tout ce qu'ils font doit pouvoir être repérable comme religieux et ils font des points de théologie à propos de questions que personne ne se pose. » L'élection du pape François les a requinqués. « C'est normal, il leur donne des pauvres à manger ! Il conduit des opérations coups de poing, comme à Lampedusa, lorsqu'il est allé jeter une couronne de fleurs dans la mer où se noient tant de candidats à l'émigration, mais il ne met pas le poids de l'autorité de l'Église en faveur d'une solution politique, d'une doctrine sociale. »

Cette « catho *pride* », ce catholicisme de l'émotion et de l'appartenance trouve une expression d'une ampleur inattendue dans le projet qualifié par ses promoteurs d'« île de Pâques bretonne » et connu sous le nom de « vallée des saints ». Au fil des années, mille statues en granit, hautes de trois mètres et lourdes de dix tonnes représentant chacune l'un des mille saints bretons « homologués » devraient se dresser dans un parc de quarante hectares dans l'une des communes les moins riches et les moins bien situées touristiquement des Côtes-d'Armor, Carnoët. Celles des sept saints fondateurs de la Bretagne[1] ont été érigées en 2010. Une vingtaine d'autres leur tenaient compagnie en 2013, dont une première femme, sainte Brigitte. Les cars affluent. Le peuplement statuaire de la vallée se déroule ainsi comme une sorte de feuilleton qui se prête à des images pour la télévision et les journaux. Chaque idole est financée par le mécénat d'une entreprise ou les souscriptions de particuliers et sa réalisation est confiée à un sculpteur choisi par le mécène en accord avec les fondateurs de l'île de Pâques bretonne.

1. Corentin, de Quimper, Paul-Aurélien, de Saint-Pol-de-Léon, Patern, de Vannes, Samson, de Dol, Tugdual, de Tréguier (mais à qui saint Yves, patron de la ville et des avocats, fut préféré pour cette première fournée), Malo (ou Maclou), et Brieuc.

Parmi eux, *primus inter pares*, Philippe Abjean ne cache pas qu'avec son « projet fou pour l'éternité », il espère « pallier le défaitisme de l'Église ». Originaire du Léon qui constituait avec la Vendée et le Rouergue les trois grandes « fabriques de prêtres » de la France, il a commencé à s'atteler à cette tâche dès 1994 en relançant le Tro Breizh, très ancien pèlerinage entre les sept évêchés des sept saints fondateurs, qui fait marcher depuis vingt ans deux mille personnes chaque mois d'août. Derrière ces deux démarches, il y a la vision, imitée de Jean-Paul II, d'une Église arc-boutée contre son environnement et multipliant les manifestations de sa détermination à ne pas se laisser diminuer. Mais l'Église de Jean-Paul II était l'Église de Pologne et, en effet, il lui fallait quotidiennement lutter pour survivre, pour que ses valeurs ne soient pas piétinées et même pour que ses prêtres et ses fidèles ne soient pas persécutés. La religion catholique souffre-t-elle en France d'être agressée, d'être méprisée ou de laisser de plus en plus de monde indifférent ? Le mode de présence de cette Église des statues géantes mélange nostalgie et triomphalisme, exhibitionnisme et consommation et, si l'action de la fable du renard et du buste se transportait dans la vallée des saints, le projet fou pour l'éternité, il me semble qu'on entendrait cette réflexion du goupil : « Fortes têtes, dit-il, mais de cervelles point ! » Quoi qu'il en soit, le défunt maire de Carnoët, et le conseiller général de Callac, tous deux bons socialistes et peu portés sur les offices du dimanche ont chaudement soutenu un projet aussi favorable à l'économie locale.

Dans l'intérêt que suscitent les sculptures monumentales de Carnoët, il entre aussi une folklorisation de la religion : les messes en breton se multiplient l'été, avec la caution des partisans du respect et de la promotion des différences et donc des identités régionales. Elles sont réclamées, dans le Finistère, par les élus de gauche les plus laïques. Bien des Bretons en rient sous cape, qui les ont surnommées les « messes à touristes ». S'ajoutent à cette bretonnitude de surface les effets secondaires de la renaissance d'un mysticisme païen qui s'agite beaucoup dans la forêt de Brocéliande, à cheval sur l'Ille-et-Vilaine, les Côtes-d'Armor et le Morbihan. On y psalmodie au bord des étangs en se tenant par la main, on y sent des vibrations, on y invoque Merlin et Morgane, Viviane et Lancelot.

L'abbaye de Saint-Jacut n'est pas épargnée par cette montée des mysticismes teintés de folklore ou d'exotisme, par les nouvelles religiosités. Cent trente personnes se sont réunies autour de l'enseignement d'un héros de la contre-culture des années soixante-dix, Swami Muktananda (de *mukti*, qui veut dire « délivrance » et *ánanda*, « béatitude ») que ses disciples appelaient « Baba »... Il y fut question de pure recherche intérieure, d'épanouissement ici-bas et d'amour universel. Yohann Abiven s'est inquiété de voir des jeunes gens s'évanouir au cours de cette retraite, faute d'avoir pris quelque nourriture. Curieusement, les néo-disciples du regretté Baba ne sont pas troublés par les informations publiées à son sujet et à propos de la vie dans son ashram par le *New Yorker*. « Derrière toute cette sérénité on trouve quelques secrets inconfortables et mal gardés, écrivait le magazine, qui évoquait des méthodes d'ouverture des chakras peu en rapport avec la chasteté affichée du gourou et avec ses proclamations sur la vigueur qui vient de la semence contenue ». Sans doute les crimes des prêtres catholiques pédophiles ont-ils épuisé leur capacité d'indignation.

Cet attrait pour l'exotisme peut aussi prendre des formes plus maîtrisées : des retraites zen ont été mises en place par un dominicain, Bernard Durel, qui revisite le christianisme à la lumière des philosophies asiatiques (disciple du psychothérapeute japonisant Karl Graf Dürckheim, du père Enomiya-Lassalle, jésuite devenu maître zen du père Shigeto Oshida, lui aussi maître zen, mais dominicain). *Silence intérieur, attention, souffle, présence.* Ces récollections attirent un public de quarante-cinquante ans. Il s'agit de retrouver la place du corps dans la foi. L'abbaye reçoit aussi des « retraites vertes » (randonnées), des « retraites émeraude » *(prier avec tout son corps, avec pratique de yoga et assise, présence à soi, présence à l'autre dans les Évangiles)*, sous la coupe d'un dominicain pour éviter les gourous, des « retraites ciel et terre » *(au rythme de la Parole de Dieu et des marches dans la nature)*. Les pensionnaires en vacances peuvent assister à des démonstrations-spectacles de tai-chi dont un stage a lieu à l'abbaye. Vêtus de kimonos aux couleurs vives, les *tai-chi shugyoshas* (ou tai-chistes) se livrent avec un ensemble impeccable à des mouvements fluides et à des rotations étudiées. Un appareil cachectique diffuse une musique de restaurant chinois dont le maître de stage assure qu'elle a des vertus apaisantes et même thérapeutiques. Ses commentaires abondants tombent dans un silence dont on ne sait s'il est une marque de respect, d'incrédulité ou de gêne. À vrai dire, la démonstration serait sympathique et on serait tout prêt à trouver des mérites au tai-chi si son organisateur ne s'aventurait pas dans des affirmations douteuses sur les effets omnicuratifs de sa pratique et s'il ne tenait pas à la vendre comme un art de vivre, une philosophie, une métaphysique, une sagesse et une médecine avec des phrases aussi bouffies que « Hier n'est plus, demain n'est pas encore, et aujourd'hui est un cadeau que la vie nous fait ». Dans l'assistance, quelques dames venues seules en vacances échangent des considérations favorables et soulignent l'importance de la méditation, du savoir-lâcher prise, du refus du stress. Une psychologue retraitée, habituée de l'abbaye et qui exerça à la SNCF remet ces enthousiastes à leur place : « Le tai-chi-chuan ça doit pas être un spectacle ça doit se vivre de l'intérieur. »

Entre les religieuses qui débarquent sac au dos pour une retraite sur « La Gloire et la Croix dans l'Évangile de saint Jean », et les auditeurs d'une conférence sur « L'individu contemporain face à la dette sociale », entre les adeptes de la méditation et les séminaires d'entreprise, entre les passionnés de danses de la Renaissance ou de chansons de folklore et les assidus aux ateliers d'informatique, entre les rencontres du Mouvement européen et les ateliers du Comité catholique contre la faim et pour le développement, au milieu des causeries sur « Transformations et mouvements idéologiques dans le monde musulman après la Première Guerre mondiale », ou sur « Ressorts et structurations de la mondialisation contemporaine », parmi les historiens, les économistes, les biologistes, les prêtres, les maîtres zen, ou les historiens d'art, l'abbaye de Saint-Jacut ressemble à un kaléidoscope.

Autour de cet assemblage de miroirs réfléchissant les efforts, les ridicules, les souvenirs, les espoirs, les prières, les bonnes volontés, les modes, les expériences de l'époque, le monde rural ne tourne pas rond. Le directeur de l'abbaye ne s'occupe pas que d'orchestrer ou de coordonner des manifestations ayant pignon sur rue. Il voit défiler dans son bureau une jeunesse mal ou pas formée à la recherche d'un travail, mendiant même, quelquefois, un petit boulot. Une jeune fille de vingt ans, sans diplôme, enceinte d'un deuxième enfant qui n'aura pas plus de père que le premier. Un garçon du même âge, fourvoyé dans une formation décidée pour lui et qui n'a abouti qu'à une série d'échecs. De jeunes adultes ou de vieux adolescents qui ne tiennent le coup que grâce à leur famille qui leur permet de vivre et qui les étouffe. L'abbaye et son directeur-travailleur social s'attachent à assurer des formations, à faire de leur embauche un tremplin, à monter des apprentissages. La plupart des salariés de Saint-Jacut n'ont pas le bac. Ceux qui souhaitent préparer un diplôme, Yohann Abiven les y aide. De toute façon, il devient de plus en plus difficile d'embaucher des personnes qui n'ont que leur volonté de se sortir du chômage. Pour être gardien, on demande un CAP et même pour être femme de ménage, sous prétexte qu'il faut savoir doser les produits d'entretien, il faut une peau d'âne... Un réseau de familiers de l'abbaye donne un coup de main en développant les liens entre Saint-Jacut et les entreprises locales.

Pour le quarantième anniversaire de *Populorum progressio*, Louis Pilard, l'ancien du Crédit agricole et l'association Bretagne espérance et solidarité ont organisé une série d'entretiens avec des chefs d'entreprise et des figures locales du milieu associatif. Partout leur initiative a été bien accueillie et ils en ont été remerciés ; leurs interlocuteurs leur ont été reconnaissants de recueillir et de diffuser leurs avis, leurs expériences, de les amener à réfléchir. « Tous éprouvent le besoin de lieux de rencontre et d'échange dépourvus d'enjeux ou d'arrière-pensées. Saint-Jacut est un endroit idéal pour ces échanges, ces remontées d'expériences. En raison de son passé de banquier, Louis Pilar a été sollicité par des voisins qui voulaient qu'il leur explique l'affaire des *subprimes*. Ils l'ont interrogé pendant deux heures et demie. Lui aimerait réunir des infirmiers, des aides-soignants, des médecins de la région et les interroger à son tour sur des questions de bioéthique, vues au ras du sol, au jour le jour de leur pratique. Faire remonter leurs connaissances concrètes de ces problèmes.

Les confronter avec des intellectuels. Il s'étonne que l'on ne s'inspire pas davantage de la manière dont une communauté de communes, celles du Mené, dans le centre de la Bretagne, a changé son destin sous l'impulsion d'un prêtre, sociologue et maire de son village, Paul Houée. « Il y a cinquante ans, dit cet octogénaire, c'était une zone anonyme, à l'écart de tout, de terres pauvres, un pays en voie de développement ne survivant que par une économie essentiellement paysanne dans une production peu élaborée et n'ayant comme horizon que ses clochers, avec au ventre la constante hantise de la misère et de la faim. » Le prêtre sociologue a mené une série d'enquêtes participatives. Au cours de l'été 1965, près de huit mille de ses compatriotes ont pris part aux débats. Au fil des années, il en est ressorti une volonté de se prendre en main. Les abattoirs ont été sauvés, l'agriculture a été réorientée vers la qualité, un projet ambitieux d'autosuffisance énergétique a été mené à bien. Une usine de méthanisation produit 25 MW/h par an d'électricité et de chaleur et absorbe trente-cinq tonnes de lisier. Une pépinière accueille six entreprises spécialisées dans les énergies renouvelables. La commune espère atteindre l'autonomie énergétique en 2030, en combinant les économies d'énergie, la production éolienne et le biogaz. L'adhésion de la population a demandé des années, mais elle est venue. Comme dit Paul Houée, qui après trois mandats de maire a passé la main sans devenir inactif, « on n'a jamais vu une marmite commencer à bouillir par le couvercle ». Pour devenir le lieu de rencontres de pareils entrepreneurs, l'abbaye de Saint-Jacut ne risque pas de manquer de bras. La commune de Saint-Jacut-des-Pins lui a proposé une relique qu'elle possède en double : un humérus de leur saint éponyme.

Les gens qu'il faut et l'homme qu'il fallait

Rien ne rapproche ou ne sépare davantage les hommes que la tête de veau. L'aversion que la seule évocation que ce plat inspire aux uns paraît une inexplicable infirmité à ceux qui se transmettent les adresses des bons faiseurs avec des mines de sybarites. À l'inverse, la dilection souvent ostentatoire que manifestent les amateurs de cet abat peut aller jusqu'à les perdre de réputation aux yeux de personnes qui leur vouaient la plus solide estime jusqu'à ce qu'elles découvrent ce penchant faubourien. À tout le moins ce goût jettera-t-il un doute sur le degré de civilisation auquel sont parvenus les mangeurs de tête de veau, quand il ne les fera pas soupçonner de s'être arrêtés sur un barreau de l'échelle de Darwin. Faut-il souligner que cette réprobation, ce dégoût et ce soupçon n'ont fait que croître et se propager depuis que l'alimentation est soumise aux commentaires, aux avertissements et aux prescriptions de quantité d'esprits distingués – le plus souvent par eux-mêmes – et pour qui l'hygiène est la volupté suprême. Les pages toujours plus nombreuses que les médias consacrent à conseiller leurs lecteurs dans la « gestion » de leur vie quotidienne et de leur alimentation semblent faire le plus grand cas des avis contradictoires que ces Cassandre de réfrigérateurs et ces chagrineurs[1] de fourneaux dispensent à tout-va, sans obligation de résultats et sans avoir à craindre que leurs dupes se souviennent en mars qu'elles recommandaient en décembre ce qu'elles proscrivent trois mois plus tard. On voit par là que la moscocéphalophobie[2] est en marche. Il se peut qu'elle ait l'effet inverse de celui que souhaitent ses promoteurs et qu'elle contribue à renforcer la cohésion des amateurs de tête de veau qui se régalent des recettes belges (« en tortue », avec une sauce tomate relevée au vin de madère), ou italiennes (*alla sorrentina*, farcie de ris, de cervelle, de truffe et de noix de pistache). Leurs recherches sont sans fin : dans son *Dictionnaire de la cuisine*, Alexandre Dumas ne recense pas moins de neuf recettes différentes. Je ne les énumère pas ici : je craindrais de m'y échauffer[3].

1. « Si le médecin empirique possède le sens ou l'esprit scientifique, il aura conscience de son ignorance, il ne considérera plus l'empirisme que comme un état transitoire de la science qu'il faut se hâter de traverser ; mais, si le médecin empirique n'a pas le sens scientifique qui lui donne conscience de son ignorance, il croira que l'empirisme est l'état définitif de la médecine, il tombera nécessairement dans l'empirisme non scientifique et deviendra charlatan », Claude Bernard, *Principes de médecine expérimentale*, 1878, p. 48.

2. Ou la vitellocaputophobie.

3. Au naturel, à la Sainte-Menehould, en tortue, farcie

La plus simple – mais non la moins difficile – est préparée dans une sorte de court-bouillon (dont la composition est souvent le secret du chef ou de la cuisinière), frottée au citron, recouverte de graisse et maintenue pendant trois heures sur un feu d'une parfaite douceur. La sauce gribiche qui l'accompagne demande un tour de main sans lequel la meilleure cuisson est un vain exploit. L'auteur de ces lignes qui se parfume d'avoir consacré à ce plat le meilleur de ses explorations prétend avoir trouvé à Épinal, chef-lieu du département des Vosges, la perfection de la tête de veau. Elle est servie chez Gérard, au café de l'Abattoir, restaurant ouvrier à prix fixe et modique (onze euros), sur la route de Nancy. Les murs y sont colorés de quantité d'horloges fantaisie et une large vitrine abrite une riche collection de camions miniatures, en hommage à ceux qui furent la première clientèle et qui continuent à fréquenter ce havre de bonne humeur. La verve du patron ne le cède en rien à celle de Françoise qui, en salle, bouscule avec bonhomie des clients qui seraient frustrés d'être oubliés dans ses apostrophes.

Le café-restaurant de l'Abattoir est devenu au fil des ans et des rumeurs le quartier général d'une certaine race de bons vivants. Ils viennent y chercher une parenthèse de sociabilité, de plaisir, de jovialité. Comme l'établissement n'est ouvert que pour le déjeuner, il a échappé au snobisme des dîneurs et

---

(ancienne recette du dispensaire de Versailles, à la bourgeoise, frite, à la poulette, à la Destilière, à la manière du puits certain).

comme on y mange sur des tables à touche-touche, il n'a pas attiré les déjeuneurs d'affaires et autres encravatés. À la table d'hôtes de mon initiation à la cuisine de Gérard, un expert-comptable depuis peu à la retraite, Jacques, qui tient à me faire savoir qu'il n'y a de tête de veau que de Rambervillers, à vingt-cinq kilomètres au nord-est d'Épinal. Une fête annuelle la célèbre, qui se tient quinze jours avant Pâques sous le patronage vigilant d'une confrérie des Gaubregueux goûteurs de teste. (Le très savant et très humaniste professeur de médecine Jean-Philippe Derenne, s'appuyant sur *Le Grand Livre des sociétés gourmandes de France* de Fernand Woutaz précise que « gaubregueux » signifie « amateur bon enfant de vie simple et détendue. ») Cette prétention des Rambuvetais (les indigènes de Rambervillers) est diversement commentée par mes autres convives : Emmanuel et Greg, qui ont créé une gamme de vélos électriques, baptisée « Moustache » par référence à la forme des anciens guidons de vélo, Pascal, qui dirige l'École nationale supérieure des technologies et industries du bois (ENSTIB), et un deuxième Pascal, qui s'occupe de l'agence spinalienne de Pôle emploi. Jacques n'en soutient pas moins que seuls les Rambuvetais détiennent le secret de la sauce Ginette et rappelle – argument d'autorité d'un rapport douteux avec le sujet de la polémique naissante – que Rambervillers fut décorée de la Légion d'honneur en hommage à sa résistance aux Prussiens en 1870 et qu'une rue de Paris porte conséquemment le nom de cette ville. Il s'ensuit que la conversation vient sur le caractère hautement républicain de la tête de veau. Les Anglais prirent l'habitude d'en servir une à chaque anniversaire de la décollation de Charles Ier et il y a fort à parier que les sans-culottes leur empruntèrent cette coutume, encore honorée dans certains pays « bleus » de l'Hexagone chaque 21 janvier, en mémoire de la décapitation de Louis XVI.

L'ancienne sagesse liait les bienfaits de la table à la bonté et à la diversité des mets ainsi qu'à la qualité de la compagnie. Dans un ouvrage paru dans les années quatre-vingt-dix, des nutritionnistes américains, étonnés que notre mode d'alimentation ne soit pas facteur d'une plus grande diffusion des maladies cardiovasculaires, parvinrent à une conclusion semblable : ils établirent que, pour anticiper les effets d'un repas sur la condition physique des mangeurs, il était nécessaire de prendre en compte, outre la provenance et la qualité des plats, le temps passé à table (rien de plus pathogène que la hâte) et la sympathie qui unit les convives (rien de plus bénéfique que la bonne humeur). Ces trois éléments étant réunis chez Gérard, le quintette hautement convivial qui m'a fait découvrir ce temple où il se retrouve régulièrement avec d'autres Vosgiens que l'on me fera bientôt rencontrer, ayant conclu le déjeuner par une tarte Tatin, s'en retourne à ses occupations.

J'accompagne Emmanuel et Greg. Ils ont eu la délicate pensée de faire déposer devant chez Gérard un de leurs vélos électriques qui nous permettra de parcourir de conserve les trois kilomètres qui séparent Épinal de Golbey, où ils ont installé Moustache.

Cycliste impénitent à Paris, je sais quelles découvertes et quels agréments peut apporter la promenade à vélo et je n'ai jamais manqué l'occasion de les chanter et même de les enseigner *in situ* et *cum jambis* aux étudiants de Sciences Po qui suivaient mon séminaire consacré à la capitale. Tombé amoureux d'une région particulièrement vallonnée du haut Rouergue, je constatais que si mon état général me permettait (mais pour combien de temps encore ?) d'y gravir des pentes qui affichent fréquemment des valeurs comprises entre 7 % et 15 %, ces montées exigeaient de moi un effort tel que je ne profitais en rien du paysage pour lequel j'avais pourtant entrepris la randonnée. Sans compter qu'une expédition accomplie sans connaître la honte de poser le pied à terre se payait par deux jours de sieste et de bouchonnage à peine interrompues pour les repas. J'avais entendu parler des vélos électriques, j'en avais même essayé un, fabriqué en Chine, dont le confort, les performances et la fiabilité m'avaient paru en dessous du médiocre et fort susceptibles de m'abandonner au milieu d'une pente raide, si possible assez loin de mon but ou de mon point de départ, qu'il me faudrait rejoindre privé d'assistance électrique et même handicapé par le poids d'une batterie devenue inutile. Un voyage à Nancy, à l'occasion d'un hommage rendu à cet ingénieur et être humain magnifique qu'était Jean Prouvé, me fournit l'occasion de pousser jusqu'à Épinal, afin d'y mesurer la pertinence des éloges que mon marchand de vélos parisien tressait depuis quelques mois à « deux jeunes types vraiment gonflés qui ont mis au point le genre d'engin qui convient à des gens comme vous ». Je soupçonnais que, dans l'esprit de ce commerçant avisé et amical, les « gens comme moi » étaient des cyclistes de circonstance que leurs plus longs trajets conduisaient du Bon Marché au centre Pompidou. Non seulement mes balades rouergates étaient autrement plus longues mais, si je devais faire un jour l'emplette d'un vélo électrique, il faudrait qu'il soit conçu pour tous les terrains et qu'il me permette de m'esbaudir sur les innombrables et magnifiques chemins de terre et de pierre qui sont les véritables pistes depuis lesquelles on peut saisir et goûter la variété des paysages et des perspectives de l'Aubrac et du Carladez.

Moustache avait un an lorsque je visitai ses locaux : un très vaste hangar repris d'une entreprise en faillite. Quatre employés – la totalité du personnel – y montaient des bicyclettes. C'est sur le ton du monsieur à qui on ne la fait pas que j'avais entrepris les deux fondateurs de la marque : que leurs vélos de ville soient assez confortables pour des cyclistes du dimanche, je n'en doutais pas, mais qu'un randonneur de mon acabit puisse grâce à leur invention parcourir les mauvais chemins et les sentiers pentus en promeneur et non en sportif, je me permettais d'en douter. Emmanuel sortit deux vélos. La forêt n'était pas loin, celle des Vosges ne manque pas de relief, pourquoi ne pas mettre ces machines à l'épreuve ? Sous la conduite du jeune entrepreneur, nous ne les ménageâmes pas. Montées abruptes, sentiers ravinés, sous-bois farcis de pièges, descentes escarpées entrecoupées de tranchées creusées par la pluie et d'obstacles tombés des arbres ou de pierres éboulées, longues chevauchées le long d'une rivière, souple, suspendu et réactif, le vélo Moustache rendait à chaque moment et dans chaque circonstance le service que l'on attendait de lui. Je revins de cette mini-expédition enchanté que l'effort physique puisse recevoir d'une assistance électrique un tel effet multiplicateur qu'il n'en demeurait qu'une partie de plaisir et que l'on puisse se trouver à ce point gratifié d'une dépense d'énergie aussi raisonnable. Le profane aurait tort d'imaginer que le moteur est seul à faire avancer le vélo. Le cycliste doit apporter sa contribution, mais cette part est amplifiée par l'assistance électrique au point de doubler ou de tripler l'énergie produite par le pédaleur. Aussi cet engin offre-t-il tous les plaisirs de la promenade sans aucun des désagréments de l'exploit sportif.

Emmanuel et Greg, la trentaine, l'un plutôt Toutenflûte, l'autre plutôt Courtecuisse, ont choisi de produire des vélos haut de gamme, deux fois plus chers que les prix moyens. Emmanuel a quitté une grande marque de cycles classiques. Il ne parvenait pas à en convaincre les dirigeants de développer le marché du vélo à assistance électrique (VAE). En décidant de mettre ses convictions en pratique, il a entraîné Greg, ingénieur commercial dans une tout autre branche, mais que le défi a enthousiasmé. En cassant leur tirelire, en faisant appel à des proches, en obtenant un maigre apport (cinq mille euros) de la région, et en convainquant Pôle emploi de les soutenir dans le recrutement et la formation de leurs ouvriers, ils ont lancé leur entreprise. Le succès reposait sur la qualité, le confort et la solidité des vélos et sur le faire-savoir de ce savoir-faire. Il fallait prospecter méticuleusement à travers la France les marchands de cycles susceptibles d'écouler leurs produits. Des premiers contacts pris à l'occasion de divers salons ont été prometteurs et l'atout mis dans leur jeu par un accord avec un fabricant de batteries de grande réputation, Bosch, leur a valu un préjugé favorable. Mais Bosch n'acceptait pas de commande en dessous de cinq cents unités ; il fallait donc vendre autant de VAE dès la première année. Ils en écoulèrent six cent cinquante. Deux ans plus tard, l'atelier hangar où j'avais vu s'affairer quatre ouvriers en occupe dix, mille quatre cents vélos ont été vendus au cours de l'exercice précédent et Moustache en écoulera trois mille avant la fin de l'année en cours. Le chiffre d'affaires de l'entreprise a doublé. La presse nationale a commencé à s'y intéresser. Emmanuel planche sur des améliorations de traction ou de confort, discute de perfectionnements avec son fournisseur de batteries. Greg continue à cibler les magasins « faiseurs d'opinion » non sans s'être assuré que leurs propriétaires sont connus pour payer leurs fournisseurs dans les délais. Il lui faut accomplir un travail de fourmi. Chaque commande est importante : les trois mille vélos sont vendus quasiment deux par deux. Trois grands revendeurs parisiens ont adopté Moustache, qui doit désormais affronter les problèmes d'une entreprise en croissance : recruter et former de nouveaux ouvriers (Pôle emploi continue à les y aider), gérer des périodes d'accumulation de stocks, obtenir des banques des avances de trésorerie alors qu'elles préféreraient entrer au capital ou s'adonner aux joies de l'affacturage, ce système de rachat de créances qui permet de prélever de substantiels agios.

Avec une association dynamique, Épinal cœur des Vosges Emmanuel et Greg s'emploient à intéresser les touristes à leur ville, coincée entre la plaine et ses stations thermales qui périclitent, et la montagne qui aujourd'hui concentre le développement touristique autour de Gérardmer. Ensemble, ils ont imaginé un projet de découverte de la région à vélo électrique et recensé vingt-cinq lieux insolites à travers le département : musées, mairies, châteaux, abbayes, entreprises, monuments historiques, sites militaires, centres de recherche. Deux jeunes femmes à qui la foi ne fait pas défaut y organisent des événements éphémères avec des musiciens, des plasticiens ou des graffeurs et des dîners gastronomiques confiés à de grands chefs de la région aidés par des écoles hôtelières. Les dîneurs investissent pour une soirée une ancienne manufacture d'orgues, les thermes Napoléon III de Plombières, un site industriel désaffecté, le château néoclassique des brasseurs à Xertigny. Sept dates la première année, puis trente, puis cinquante, puis septante la quatrième année, et tout est vendu ! Les industriels et les artisans des arts de la table y exposent leurs produits. On y découvre du verre soufflé à l'ancienne (sept souffleurs par verre) et des tissus révolutionnaires sur lesquels les taches ne marquent pas. On y déguste du vin de rhubarbe, imaginé par un cultivateur local qui a vu sa production passer en quatre ans de quatre cents à soixante-quinze mille bouteilles. Philippe Lacroix, le chef du Lido, originaire de la région, a prêté main-forte à ces dîners. Philippe Laruelle, restaurateur au Valtin, a imaginé d'installer dans le pré qui jouxte son Val joli, des chambres-bulles idéales pour venir entendre le brame du cerf avant de goûter à son pâté chaud de truite ou à son pigeon en feuilleté. Avant que la presse n'en parle, il avait déjà enregistré en une journée vingt-huit réservations.

Pendant qu'ils s'attaquent à ces nouveaux défis, Toutenflûte et Courtecuisse se donnent les moyens de continuer à innover. Ils ont passé un contrat avec un cabinet d'ingénierie. Deux stagiaires en recherche et développement les ont rejoints. Ils viennent de l'École nationale supérieure du bois. Deux projets les mobilisent. L'un est encore secret, mais devrait faire parler, l'autre est un vélo en frêne. Plus écologique, plus léger, plus confortable même, puisque le bois filtre mieux les vibrations que le métal dont sont faits les cadres. En 2015, le vélo en frêne devrait être commercialisé. La ville d'Épinal est intéressée, non par la mise en place d'un système imité du Vélov de Lyon ou du Vélib de Paris, dont les coûts d'entretien sont faramineux (trois mille euros annuels !), mais par un système de location de longue durée. Derrière la coopération qui voit naître le vélo électrique en frêne, on trouve un autre des amateurs de la tête de veau de chez Gérard, Pascal, le directeur de l'ENSTIB.

Ingénieur en mécanique, auteur d'un doctorat sur le bois, il a travaillé au Japon, puis à l'Institut national de la recherche agronomique. Lorsque l'activité textile s'effondre dans les Vosges, l'école qui en formait les ingénieurs et les techniciens ferme. Pascal est chargé par le nouveau maire, Philippe Séguin, de développer une activité universitaire autour d'une ressource majeure des Vosges : le bois. Pour installer ce nouvel établissement, Séguin rachète une usine de chocolat désaffectée : une dalle de quatre mille cinq cents mètres carrés, avec quatorze quais de déchargement pour les camions. Le toit qui les recouvre est crevé. Il y fait installer en guise de salles de classe et de travaux pratiques des sortes de conteneurs en bois fabriqués en toute hâte et qu'on fait entrer par une porte percée sans permis de construire. La première année, en 1985, l'école compte huit étudiants. Trente ans plus tard, elle en a formé deux mille, dont 90 % travaillent dans les industries du bois. Le concours attire de toute la France deux mille cinq cents candidats pour cent places. Les diplômés de l'ENSTIB trouvent du travail en moins de deux mois, surtout dans le secteur de la construction en bois, dont le nombre de salariés a crû de 40 % entre 2004 et 2009 et dont le chiffre d'affaires est passé en sept ans de deux à quatre milliards d'euros. Ceux qui ne sont pas embauchés dans ce secteur trouvent un emploi dans celui de l'énergie.

Cyrano ne parla jamais de Roxane et de sa beauté avec autant de flamme que Pascal du bois et de son avenir. Il fait pleuvoir sur son visiteur un déluge d'exemples plus probants et plus enthousiasmants les uns que les autres. Dans le bâtiment, dans les transports, dans la fabrication de tannins, de mousses, d'isolants, de filtres pour l'air ou pour l'eau, de matériaux pour piéger les métaux lourds ou de panneaux résistant au feu sans additif ignifugeant d'aucune sorte, pour absorber les sons, pour dépolluer les sols, le bois offre tant de possibilités inouïes que les cimentiers, les producteurs de laine de verre et de laine de roche, affolés, ont développé un lobbying outrancier et sortent la grosse artillerie réglementaire pour conserver leurs parts de marché. Pascal est sûr que c'est à la suite d'une action du lobby du béton que la part minimale de bois dans les bâtiments publics, disposition prévue dans la loi sur l'air et l'utilisation rationnelle des énergies, a été censurée par le Conseil constitutionnel. Mais ces manœuvres réactionnaires n'empêcheront pas le progrès : la route du bois est ouverte. L'exemple qui tient le plus au cœur de Pascal est celui de la société d'HLM Le Toit vosgien, propriétaire de trois mille cent logements dans le département. Elle ne construit que des bâtiments en bois, à énergie positive avec isolation en paille et panneaux photovoltaïques sur le toit. L'argent dégagé permet de payer des salariés pour entretenir les communs et pallier la moindre dégradation. Il faut compter quatre-vingt-dix euros par an de dépense de chauffage par appartement ! Et d'ailleurs, la gare TGV-Meuse a été construite par Jean-Marie Duthilleul en grumes de pin, en chêne et en mélèze. Et le musée que Frank Gehry a construit pour Louis Vuitton dans le bois de

Boulogne n'a-t-il pas été l'occasion de déposer de nouveaux brevets pour l'utilisation du bois ? Charpente Huot, l'entreprise de l'un des premiers étudiants de l'ENSTIB, Philippe Roux est passée, entre 1993 et 2013, de douze millions de francs de chiffre d'affaires et vingt-cinq employés, à dix-sept millions et demi d'euros et quatre-vingts employés. Elle a construit la plupart des McDonald du pays.

Il n'y a guère que pour nourrir les hommes et remplacer la tête de veau que le directeur de l'ENSTIB n'a pas trouvé d'utilisation du bois de frêne, de châtaignier ou de douglas. Mais comment ne pas partager son enthousiasme et ne pas s'étonner que cette réussite soit si ignorée ? L'école qu'il dirige offre à ses diplômés des emplois qualifiés dans un secteur promis à un grand avenir. Elle dispose de quinze mille mètres carrés de locaux aux équipements dernier cri. Elle attire des chercheurs de réputation mondiale, comme l'un des cinquante scientifiques les plus cités au monde en 2013, un délicieux savant Cosinus italien, le professeur Antonio Pizzi, qui a mis au point la soudure du bois par friction et dont la tête hirsute émerge de derrière un capharnaüm pour nous expliquer une invention qu'il a la délicatesse de juger aussi simple que l'œuf de Colomb. L'ENSTIB, de surcroît, a réussi à échapper à nombre des pesanteurs qui entravent les innovations dans le monde universitaire. Elle a créé un centre régional d'innovation et de transferts technologiques des industries du bois pour développer ses rapports avec l'industrie. Doté d'un statut d'association, indépendant de l'université, ce centre fonctionne comme un cabinet de conseil en ingénierie au service des industriels et sert à l'ENSTIB à dégager des financements et à s'équiper. Les étudiants affluent parce que le bois est économique, moral, écologique, à la mode, abondant, et que son industrie est faite d'un tissu de PME et de PMI qui correspondent à la taille des entreprises les plus recherchées par une jeunesse que les grandes boîtes rebutent, quand elles ne leur inspirent pas une méfiance teintée de dégoût. Mais ce n'est pas la notoriété du succès de l'ENSTIB qui soucie Pascal, c'est le passage des Vosges à une étape supérieure, celle qui pourrait en faire le Voralberg français. Dans le Voralberg, à l'ouest de l'Autriche, architectes, artisans et entrepreneurs se sont réunis pour innover dans la construction en bois à partir du savoir-faire local mélangé aux technologies de pointe. C'est désormais l'une des régions les plus riches d'Autriche. On y compte cent cinquante métiers liés à l'architecture pour cent mille habitants, contre quatre-vingts dans le reste de l'Europe et quarante au Québec. Ne demandez donc pas à Pascal de s'endormir sur ses lauriers.

D'ailleurs, il ne revendique pas d'autre titre de gloire que celui d'avoir été l'exécuteur consciencieux des intuitions de Philippe Séguin. Dès son entrée en fonction, en 1983, le nouveau maire s'est pris de passion pour la question du bois. L'école qui n'existait pas et qui squattait l'ancienne chocolaterie au toit troué, Séguin, tel le docteur Knock exposant au patron du navire qui cherchait un médecin ses hésitations sur le sujet de sa thèse, en a fait une telle description aux autorités parisiennes que nul n'a trouvé insolite qu'elle postule pour l'habilitation à l'octroi d'un titre d'ingénieur du bois. Elle eut droit au titre d'« école supérieure ». C'était beaucoup pour un établissement qui définissait son enseignement au fur et à mesure qu'il recrutait ses élèves. Ce n'était pas assez pour Philippe Séguin. Il savait qu'en France on n'est vraiment supérieur que si on est aussi national. Lorsque son ami Fillon hérita du portefeuille de l'Éducation nationale, il l'invita à venir en personne accrocher au fronton de l'école le N qui manquait à l'ESTIB. « Quand une porte se fermait, il la défonçait. »

Le fantôme de Philippe Séguin est partout. Lorsque ce Méridional qui a grandi à Tunis, puis dans le Var et dans le Gard, lorsque cet énarque qui a préparé le concours à Sciences Po-Aix-en-Provence et non rue Saint-Guillaume comme l'immense majorité de ses camarades, lorsque ce conseiller référendaire de deuxième classe à la Cour des comptes détaché comme adjoint au directeur de l'Éducation physique et des Sports entendra parler pour la première fois des Vosges, ce sera à l'occasion des éphémères fonctions de directeur de cabinet que lui confie un éphémère secrétaire d'État aux Relations avec le Parlement, Christian Poncelet. Leur entente sera brève mais enthousiaste : Poncelet est un gaulliste de gauche entré en politique sous le patronage de Pierre Mendès France ; Philippe Séguin a été nourri à ce lait-là. Poncelet, maire de Remiremont, est à l'aube d'une exceptionnelle carrière de parrain au cours de laquelle, en un demi-siècle de vie civique, il cumulera cent quarante-sept années de mandats électifs. En 1978, il vient de conquérir la présidence du conseil général des Vosges ; il est député de la troisième circonscription depuis seize ans. Son collègue gaulliste de la circonscription voisine, celle d'Épinal, malade, est contraint de passer la main : il mourra quelques mois plus tard. Les législatives de mars s'annoncent difficiles après des cantonales en 1976 et des municipales en 1977 favorables à la gauche du programme commun. Son représentant constitue un danger, mais aussi le candidat UDF, qui peut recueillir les fruits d'une longue tradition démo-chrétienne interrompue mais survivante. Poncelet pense à Séguin, alors en transit au cabinet du Premier ministre Raymond Barre. Rien ne divertit mieux les autocrates que de donner et de se donner l'illusion qu'ils songent à leur succession et qu'ils y préparent un dauphin. Séguin s'ennuie, Séguin ne se reconnaît ni dans le giscardisme ni dans le barrisme naissant, Séguin n'entre pas dans le moule de la fonction publique. Séguin se fait encore une certaine idée de Poncelet, Séguin se lance. Loin des tumultes, des fluctuations, des coups de sang et des coups de théâtre de sa carrière nationale, il sera à Épinal l'homme politique qu'il voulait être.

« À son arrivée, écrivait Jacqueline Rémy dans *L'Express*, chaque semaine, le maire traque les bancs cassés, les murs lépreux, les tags, les crottes de chiens. Tout doit être nettoyé, réparé dans l'heure. Il a de la sympathie pour les immigrés maghrébins, qui "témoignent du rayonnement de la France" : il subventionne largement leurs associations. Les murs crient "Ben Séguin" ? Il en est plutôt fier. Croit-il aux équipements de proximité ? Il installe une école dans une HLM, une salle de boxe dans la ZAC et cinq piscines au pied des cités. Tiens, il va même en dessiner certaines. Et le mât qui les surplombe aussi, et ses drapeaux volant au vent. Il dessinera également le court central de tennis, avec ses gradins en creux, et les claustras dissimulant les voitures en face du lotissement privé. En 1989, il rédige de sa plume, avec application, les 365 messages qui, chaque jour, sur les panneaux lumineux de la ville, rappellent l'histoire de France. Bien avant que la télé locale fonctionnât (Épinal a été la première ville câblée de France), il griffonnait déjà la grille des programmes : normal, c'est son bébé. On lui prête même l'intention de faire pousser de quelques mètres les ruines qui servent de château à la ville. C'est bien simple : Épinal, c'est son jardin japonais. »

Lorsque Séguin en prend la mairie, depuis 1945 la ville ne ressemble plus à rien. Les destructions n'ont pas manqué à son histoire depuis l'an mil, mais les dernières, celles de la fin de la Seconde Guerre, ont donné à Épinal la physionomie d'une gueule cassée. Déjà sérieusement amochée par les colonnes blindées allemandes en 1940, les bombardements américains l'achèvent en 1944. On a réparé comme on a pu, on a relogé au plus pressé, on a achevé certaines destructions parce que relever les ruines coûtait cher, et aussi parce qu'on espérait tourner une page. Les repères de la ville ancienne sont perdus. Épinal devient une cité au passé flou, fragmentaire, déconnecté de la vie moderne. Dans la seconde moitié des années soixante-dix, haute époque de vandalisme et de promotion immobilière, ce qui reste de centre historique est promis à la « rénovation », mot couramment utilisé pour recouvrir d'un voile trompeur celui de « destruction ». La municipalité entendait y tracer ce qu'elle appelle un « canon à voitures » propre à fluidifier la circulation entre les nouveaux quartiers, construits après la destruction de la ville et le quartier de l'ancien chapitre des chanoinesses de Saint-Goëry, sorte de cloître ouvert sur la ville entouré d'hôtels particuliers datant du XVIe et du XVIIe siècle.

Menées par un historien obstiné, des campagnes de sensibilisation étaient parvenues à ralentir cette dévastation qui devait se prolonger jusqu'aux anciens remparts et à leurs tours. Les bulldozers avaient toutefois rasé quelques-uns des anciens hôtels particuliers des dames chanoinesses, dont un ensemble laissa place à une maison de retraite d'un style fort dissonant. Philippe Séguin fit de l'historien son adjoint au patrimoine et à l'urbanisme. Cette double casquette signifiait la volonté du nouveau maire de voir la réhabilitation du patrimoine et des vieilles pierres non pas limitée à un projet de simple conservation, mais inscrite dans le nouveau dessin de la ville. Séguin fait dégager ce qui reste des remparts, y aménage un jardin public, le plante, réutilise des passages privés pour permettre aux piétons de circuler entre deux quartiers, exige un passage à travers la maison de retraite pour rejoindre la rue du Chapitre et permettre aux habitants de passer d'un quartier à un autre. Il fait installer un musée du patrimoine dans une des tours des remparts, avec une maquette de la ville au XIIIe siècle. Pour donner la mesure du travail accompli et à accomplir, il veut exposer une collection de photos des bombardements américains. Les archivistes de l'US Air Force la lui refusent. Pour les obtenir, Séguin s'adresse à la ville jumelle allemande d'Épinal, Schwäbisch Hall, dans laquelle était installée une base aérienne américaine. Il fait racheter par la mairie des bâtiments modernes construits sur l'emplacement du cloître, les fait raser et plante à leur place un jardin qui reprend le tracé du cloître. Il fait rouvrir et piétonniser la rue du Chapitre, installe la chambre de commerce et un centre d'action sociale dans deux bâtiments anciens, et encourage la transformation de deux garages en restaurants.

Les ruines du château qui surplombe la ville étaient recouvertes de ronces et de toutes sortes de végétaux au point que les Spinaliens vivaient en marge de ce monument édifié par les évêques puis par les ducs de Lorraine. Séguin demande qu'il soit dégagé et qu'on aménage un parc autour des vestiges restaurés et agrémentés d'un jardin médiéval. Le chantier durera six ans. Un banquier ami des Bonaparte avait fait bâtir un pavillon chinois au pied du rocher qui domine la ville. La bâtisse se délite. Des entrepôts sont construits à l'entour. Rasés, ils laissent la place à un parking sauvage. Il faudra attendre 2008 pour que les travaux de remise en état trouvent leur financement et que la folie sinisante du banquier Douglas soit réincorporée à la ville. La place des Vosges redevient le cœur de la cité, un parc longe la Moselle, le nouveau port offre trois hectares de verdure en centre-ville. La veuve d'un industriel fortuné avait fait bâtir en 1905 une copie de villa romaine. Elle devient une bibliothèque entourée d'une roseraie. Un musée, inauguré en 2003, abrite dans un bâtiment moderne le patrimoine de la fameuse imagerie d'Épinal, créée d'abord par des cartiers et des dominotiers. On y expose les feuilles qui firent la réputation des fabriques de la ville, les images de propagande, les chromos publicitaires, les canivets religieux et on y propose des maquettes de papier, des images scolaires, des œuvres d'imagiers contemporains.

Refaire d'Épinal une ville ne pouvait avoir de sens qu'en lui redonnant une vie. Au lendemain de son élection à la mairie, Philippe Séguin lance un programme d'implantation d'établissements universitaires et d'accueil des étudiants. L'École supérieure des industries textiles, fierté de la ville, vient de mettre la clef sous la porte. Le nouveau maire sort son carnet d'adresses. En 1986, il devient ministre des Affaires sociales et de l'Emploi. Épinal aura une faculté des sciences, un centre d'études juridiques, un institut de formation en soins infirmiers, une école supérieure d'art, des classes préparatoires aux grandes écoles, un IUT voué au génie industriel et à la maintenance, à la qualité logistique industrielle et à l'organisation, aux techniques de commercialisation. On aménage ou on construit des résidences universitaires ou des logements en ville. Une maire adjointe est chargée d'organiser les conditions d'accueil et d'hébergement des deux mille sept cents étudiants qui, au fil des ans, s'inscriront dans l'un ou l'autre de ces établissements. Ses fonctions sont un mélange de mère aubergiste et d'assistante sociale. Elle est chargée de trouver aux uns des petits boulots, d'aider les autres à obtenir des bourses, et, s'ils n'y sont pas éligibles, à les embaucher pour soutenir les enfants difficiles des écoles primaires ou encadrer des activités sportives. La consigne a été clairement exprimée par le maire : « Il est hors de question qu'un étudiant arrête en cours de route pour des raisons financières. » Un guichet unique, la Maison de l'étudiant, permet à chacun d'exposer ses projets ou ses difficultés, de trouver un stage, de dégoter un premier emploi. Une centaine d'entreprises lui sont associées depuis l'origine. La tradition paternaliste d'un patronat longtemps chrétien donne ici tous ses fruits.

On ne quittera pas Épinal sans visiter son musée d'Art ancien et contemporain, entre deux bras de la Moselle, à la pointe d'une île. La richesse de la collection surprend le visiteur. Sans doute cette surprise est-elle révélatrice des préjugés jacobins de celui qui l'éprouve, mais combien de préfectures (et celle-ci est peuplée d'à peine plus de trente mille habitants) offrent-elles pareil ensemble de chefs-d'œuvre de la peinture des XVIIe et XVIIIe siècles, et à côté d'un La Tour (*Job raillé par sa femme*) et d'un Rembrandt (*Mater dolorosa*) des toiles signées Ruisdael, Stella, Vouet, Bruegel, Largillière, Mignard, Coypel, Claude Gelée (Le Lorrain) ? Autour d'un noyau fait de la collection des princes de Salm, confisquée à la Révolution, et d'un don important du duc de Choiseul, les Vosges ont constitué un des musées les plus agréables qui soient. Les ouvrages et les œuvres rassemblés vont de la préhistoire aux arts plastiques de la fin du XXe et du début du XXIe siècle, et témoignent des temps mérovingiens comme de l'art religieux ou funéraire du Moyen Âge ou de la Renaissance, de l'ébénisterie haute époque comme de l'art populaire à travers un réjouissant ensemble où les statuettes conçues par la piété anonyme côtoient des objets de tous les jours transfigurés et égayés par un art décoratif polychrome et enjoué. La peinture (et pas seulement celle dont je viens de nommer les représentants, mais aussi, quoique en moindre abondance, celle des époques précédentes et suivantes) est exposée avec discernement, sans ces accumulations qui découragent le regard et font glisser le visiteur sans l'inciter à prendre le temps de voir ou qui provoquent des coagulations de badauds. De section en section, d'étage en étage, rien n'écrase le néophyte ni l'amateur. Ce musée est naturellement initiatique, il donne le goût, ouvre des perspectives, fait entrevoir l'Histoire, donne à admirer des chefs-d'œuvre, aiguise l'appétit d'aller ailleurs chercher d'autres merveilles. Le bâtiment, entièrement refait en 1992, n'est pas, il s'en faut, un modèle d'architecture, mais ses nombreuses ouvertures sur la Moselle et sur la ville, la lumière naturelle qui éclaire la plupart des salles, l'accès à un parc bordé par la rivière en font une réussite muséale incontestable et lui épargnent cette ambiance de collège qui affecte tant d'établissements comparables.

C'est le département qui a financé cette rénovation qu'on pourrait aussi bien qualifier de « résurrection ». Mais nul ici n'ignore ni ne sous-estime qu'elle est venue s'inscrire dans un mouvement de régénération d'Épinal, préfecture endormie et déclinante, qui doit tout à Philippe Séguin. Trois des réalisations auxquelles il s'est consacré, l'ENSTIB, la piscine olympique et le golfe, sont situées en haut de la ville, rue du Merle-Blanc. « Si tu dois donner mon nom à une rue, avait dit l'ancien président de l'Assemblée nationale à son premier adjoint qu'il avait su préparer à être son successeur, j'aimerais que ce soit à celle-là. » C'est chose faite et c'est justice.

Celui qui importait des cassoces et multipliait les poissons

Les Voivres peut être définie comme une bourgade remarquablement dépourvue d'atouts. Les spécialistes de l'onomastique s'accordent pour donner à son nom la signification de « terre broussailleuse et inculte ». Quelques-uns ajoutent « souvent humide ». Le *Dictionnaire géographique universel* de 1833 fait cependant état d'une période de prospérité : « Village de France, département des Vosges, arrondissement à quatre lieues et demie au sud-ouest d'Épinal, canton à une lieue au nord-est de Bains. Usines à fer et tréfilerie. Six cent vingt habitants. ». En mars 1989, lorsque Michel Fournier en devient le maire, il n'y reste que deux cents âmes. Deux cents vieilles âmes : l'école ne compte plus que neuf enfants. Pour éviter la fermeture en septembre 1990, il en faudrait vingt. Sans école, un village entre en agonie. Faute de pouvoir inciter ses concitoyens à se reproduire dans la précipitation, le nouveau maire décide d'importer des familles avec enfants. L'hémorragie régulière de population depuis la fin des forges et la disparition des moulins, a laissé aux Voivres quantité de maisons à l'abandon et plutôt délabrées. La commune trouve les propriétaires et les leur rachète. Puis elle entreprend d'organiser des chantiers d'insertion pour les rénover sommairement et les transformer en un habitat social d'un type un peu particulier. Le contrat passé avec les nouveaux arrivants prévoit que leur loyer constituera le remboursement progressif de la somme avancée par la commune pour l'acquisition de leur maison. C'est à eux, à la fin de cette location-vente, que profiteront les travaux dont ils se chargent – et pour lesquels ils sont payés au titre du chantier d'insertion. Les deux premières familles affichent six et cinq enfants. Six et cinq font onze, onze et neuf font vingt : l'école est sauvée.

La première famille à s'installer (celle aux six enfants) a pour patronyme Boujaja. Un conseiller municipal démissionne. La majorité des Voivrais comprend l'importance de l'école, mais sa réaction est mitigée. Déjà, dans les villages alentour, on commence à dire que Les Voivres devient un village de « cassoces » (cas sociaux). On parle de « commune poubelle ». Le maire répond que son système d'accession à la propriété responsabilise les nouveaux venus, leur redonne confiance en eux, leur procure une assise. « Les femmes me disaient de leur mari : “Ils ne passent plus ses journées devant la télé.” » Il n'empêche : importer des familles, et de surcroît pas souvent « de souche », où cela va-t-il conduire le village ? Personne n'ose dire tout haut qu'il préfère mourir entre soi que vivre mélangé, mais la rumeur rappelle que Michel Fournier lui-même n'est pas voivrais. Il est né à vingt-cinq kilomètres et n'est arrivé au village qu'en 1973. D'ailleurs les dix premières années, on ne l'y rencontrait guère et on ne le voyait pas s'installer. Inutile de se défendre en arguant que son métier de voyageur représentant placier l'envoyait constamment sur les routes. La méfiance a duré dix ans. Elle a connu des pics : trois mois après son arrivée, un vieux monsieur victime d'une agression ; le premier suspect auquel pensèrent les gendarmes, c'est l'« étranger ». Ce n'est que lorsque Michel Fournier abandonne son métier de représentant et qu'il ouvre une boutique de fleurs dans la ville thermale voisine de Bains-les-Bains que ses voisins s'accoutument à l'idée qu'il est devenu l'un des leurs. Ils l'envoient même au conseil municipal. Il est vrai que les candidats ne se bousculent pas.

Six ans plus tard, Michel Fournier devient maire et réussit le « coup de l'école ». Il a conscience que les familles qu'il attire aux Voivres ne seront que de passage si elles ne trouvent pas un emploi à proximité. La plupart des nouveaux arrivants a fini par être embauchée par les agences d'intérim d'Épinal, mais, poursuivant sur sa lancée, la commune est devenue propriétaire de vingt-sept logements. Son initiative, largement médiatisée, lui a valu des candidatures d'abord de toute la région, puis de toute la France. Un beau matin, Michel Fournier trouve devant la mairie une famille nombreuse montée de Perpignan avec ses meubles dans une remorque, persuadée sur la foi d'un reportage télévisé que Les Voivres serait le point de leur nouveau départ. Ils y sont restés trois ans, puis sont partis s'installer à Strasbourg après que le père eut acquis une nouvelle qualification.

Pour créer des emplois, il faut être sur le qui-vive. Fournier entend dire que le patron d'une entreprise de maçonnerie et de transport est en conflit avec une municipalité voisine. Elle lui reproche les nuisances créées par ses activités. Le maire des Voivres fait voter la transformation d'un terrain municipal éloigné du bourg en zone artisanale. Puis il va danser la danse des sept voiles au patron en butte à l'animadversion de la municipalité voisine. Un an plus tard, l'entreprise de maçonnerie et de transport déménage ses pénates sur la nouvelle zone artisanale. Comme elle est active et prospère, elle y entraînera quelques-uns de ses sous-traitants.

De l'époque des forges subsiste aux Voivres un étang à l'abandon. La commune ne pourrait-elle pas l'acheter et aider un pisciculteur à s'y installer ? Les études établissent que la surface de l'étang est insuffisante pour faire vivre une exploitation commerciale. Elles suggèrent d'y adjoindre une ferme pédagogique. L'idée séduit, mais il faudra loger les visiteurs sur place. Il y a bien quelques maisons à l'abandon dont on pourrait faire un hôtel rural, mais où trouver les fonds pour les acheter et les aménager ? Les pouvoirs publics regardent avec défiance les « manières américaines » de cet élu d'une minuscule commune. Reste l'appel à la population. Après moult débats, une société civile immobilière voit le jour. Chaque part est de mille cinq cents francs (environ deux cent cinquante euros). Michel Fournier met à profit ses talents de VRP pour placer une part après l'autre. La presse, qui l'a toujours apprécié et trouve toujours avec lui de belles histoires à raconter, y va de son soutien. Cent dix-sept associés mettront cent mille euros sur la table et leur adhésion sonnante et trébuchante au projet apaisera les craintes des autorités de tutelle. D'autant plus que Michel Fournier a imaginé que la SCI loue l'étang, la ferme piscicole et l'hôtel rural à la mairie par bail emphytéotique, ce qui rend Les Voivres éligible aux aides et aux subventions européennes.

Pour une commune de trois cents habitants, les travaux peuvent paraître pharaoniques. Il faut creuser des bassins annexes pour les élevages, curer et aménager l'étang, viabiliser les accès, rénover et équiper les maisons transformées en hôtel. Michel Fournier, qui a mis son magasin de fleurs en gérance, ne lâche pas le chantier. S'il entend parler d'un pont de chemin de fer désaffecté sur une ligne quelque part en Haute-Saône, il en rachète les rambardes en fer forgé, pour que la digue de « son » étang ait une meilleure allure. En 2000 la ferme pédagogique piscicole est mise en eau. Elle produit des truites et des écrevisses à pattes rouges. Son budget est à l'équilibre. L'hôtel rural a vingt-cinq chambres et soixante lits. Les classes s'y succèdent, venues de toute la Lorraine, de Franche-Comté, voire d'Alsace, fierté suprême, car les Alsaciens regardent volontiers les Vosgiens de haut.

Si un équipement n'a pas grevé les finances de la commune, c'est bien le bureau de son maire. Table, chaises, bureaux et armoires à dossiers sont de ces meubles que l'on trouve plus facilement chez Emmaüs que chez Roche et Bobois. Le visiteur a juste la place de se glisser en face de l'élu, lui-même coincé entre une armoire et un encombrement de chemises en carton. Que ferait-il de davantage de confort ? Voilà deux heures que Michel Fournier raconte Les Voivres, « ses » Voivres, et avant de nous conduire jusqu'à l'étang (« Vous allez voir mes rambardes ! »), il amorce une conclusion : « Vous savez, à la rentrée 92, l'école, condamnée deux ans plus tôt, comptait trente-cinq élèves. Nous avons obtenu l'adjonction d'une classe maternelle. À la rentrée 93, il a fallu scolariser soixante-dix enfants. De deux cents habitants en 1989, le village est passé à trois cent soixante en 2013. La commune est propriétaire de vingt-sept logements et compte aussi une dizaine de logements sociaux privés qui ont pris exemple sur l'initiative municipale. Huit entreprises artisanales sont installées dans la commune et trente emplois ont été créés. Mais ne vous y trompez pas : une école n'est jamais sauvée ! Avec nos petits effectifs, nous pouvons passer d'une année sur l'autre d'une surpopulation à une sous-population. Les divorces, les réductions de personnel d'une entreprise, les départs, etc. Une année on refuse des petits, et l'année suivante on perd une classe. Mais la règle reste la même : sans école, un village meurt. Comme il vaut mieux prévenir que d'attendre les soins palliatifs, pour stabiliser le nombre des écoliers les Voivres s'est associée avec une commune voisine dans le cadre d'un regroupement pédagogique intercommunal (RPI). Le transport scolaire est assuré par la municipalité. »

Sur le chemin boisé et ensoleillé de l'étang, Michel Fournier arrête sa voiture cinq fois pour une. « J'avais oublié de vous parler de ça. » « Ça », c'est une ancienne boîte de nuit qui a brûlé et que le maire a accepté de confier à un couple qui veut y construire et y commercialiser des yourtes. « Ça », c'est un restaurant, le Pont défait, rebaptisé le Pont des fées par le couple de Bretons qui l'a repris, le tient ouvert trois cent soixante-quatre jours par an et y sert quatre-vingts couverts midi et soir. On y vient de toute la région et, sur le parking, les camionnettes côtoient les grosses berlines. « Ça », c'est un ensemble de maisons en palettes et tuiles de récupération : on y accueille des camps pour les enfants et les adolescents. « Nous avons eu un mal de chien à les faire homologuer par la Direction de la jeunesse et des sports : il faut tout le temps dribbler avec la légalité. Par chance, leurs représentants sont venus un jour d'orage, ils ont vu qu'on y était à l'abri. » « Ça », à notre retour de l'étang, c'est une affiche représentant un oiseau que le maire a installée dans son bureau et que nous n'avions pas remarquée. « Vous connaissez ce volatile ? demande-t-il d'un air malicieux. C'est un passereau d'Amérique latine, le fournier. Il est connu pour construire des nids extrêmement solides. » « Ça », lorsque le maire nous raccompagne jusqu'à notre voiture en nous pressant de revenir, ne serait-ce que pour goûter à la cuisine du Pont des fées, c'est un groupe d'écoliers guidés par leur maîtresse qui traversent la rue et entonnent spontanément et à l'unisson un « Bonjour, monsieur le maire » souriant et un peu farceur qui nous plonge dans l'ambiance d'un film d'Yves Robert.

« Ça », ce sont 84, 87 % des électeurs des Voivres qui se sont rendus aux urnes le 23 mars 2014 pour confier à Michel Fournier son cinquième mandat de maire, au premier tour et par 65,48 % des voix.

Horresco referens

Le village n'est pas le plus beau de ce département, qui pourtant n'en manque pas, le bâtiment n'est pas le plus réussi de cet architecte, qui pourtant n'en est pas à son premier coup de maître en matière de création ou de rénovation de musées, et le jardin ne contribuera que faiblement à la gloire de ce paysagiste qui pourtant a reçu, parmi d'autres récompenses, le Grand Prix de l'urbanisme dont aucun autre de ses collègues jardiniers ne fut jamais salué. Quant au président de la République que l'on honore ici, il est bien difficile de dire ce qui restera de ses douze ans de mandat, si même il en reste quelque chose. Mais c'est à Sarran, dans le bourg corrézien où Jacques Chirac possède depuis 1969 le château où séjourna Trotski durant deux années de son exil, que Jean-Michel Wilmotte a dessiné, au début du XXIe siècle, le musée de sa présidence et c'est dans le vallon dominé par ce bâtiment que Michel Desvigne a imaginé le jardin vallonné qui en magnifie la perspective.

Le musée du président Jacques Chirac a reçu cent quarante-quatre mille visiteurs l'année de son ouverture en 2001. Cinq ans plus tard, ils n'étaient plus que vingt-huit mille cinq cents. C'est peu pour un établissement qui aura coûté seize millions d'euros au département de la Corrèze. La cour régionale des comptes s'en est légitimement émue. Les gestionnaires du musée du Septennat ont cherché des expédients. Ils ont imaginé attirer le public en organisant des expositions temporaires : « Les arts du Mexique », « Dior, la passion créatrice », « La Poste, l'aventure du courrier », « Bestiaux, un patrimoine français », « La France et le sport depuis 1995 », ou encore la suite de tapisseries consacrées aux droits de l'homme par Richard Texier. Cela fit bien venir un peu plus de monde (beaucoup pour Dior, moins pour les bestiaux), mais il est difficile de relier le thème de ces expositions aux mandats qu'exerça Jacques Chirac sauf à tirer les arguments par les cheveux. Les frais de fonctionnement du musée ne baissent pas, chaque visiteur, selon la chambre régionale des comptes, coûte trente euros à la collectivité. Par les temps qui courent, c'est une somme.

Les salles hautes du musée présentent sans perspective une sélection de cadeaux reçus par Jacques Chirac classés par continent de provenance. On remarque des espèces de santons qui reproduisent la partie de cartes du *Marius* de Pagnol, donnés par des commerçants du quartier Saint-Antoine de Marseille, un cœlacanthe naturalisé offert par le président de la République islamique des Comores, une paire de santiags de cow-boy, don de Bill Clinton, des figurines représentant des sumos dans leurs diverses positions d'échauffement ou de combat, une oasis miniature où tout, palmiers, dromadaires et chamelons, rutile d'or, d'argent doré et de grenats, apportée dans ses bagages par le roi Fahd ben Abdulaziz al-Saoud, un jeu d'échecs dont les pièces sont autant de personnages gentiment caricaturés de la vie politique d'Afrique du Sud parmi lesquels on reconnaît Nelson Mandela, Desmond Tutu ou Frederik De Klerk, divers fétiches océaniens et une assiette chinoise ornée de l'image d'un Jacques Chirac hiératique façon Mao. On sent que les conservateurs ne se sont pas résignés à n'être que les gardiens d'un capharnaüm. Ils se sont efforcés d'ennoblir ce bazar par des cartels riches en considérations affligées des boursouflures de langage à la mode, prétendant que le musée permet d'« évoquer l'Histoire en train de se faire », de « mettre en lumière les cultures du monde », et même de « s'aventurer vers d'autres musées riches de sens ».

Comme la nature environnante est fort belle, le visiteur est tenté de mettre un terme à sa visite et d'aller admirer le panorama qu'offre le point culminant du département, le mont Bessou, qui plafonnerait à neuf cent soixante-seize mètres si une tour panoramique en douglas installée jadis par le conseil général ne l'exhaussait jusqu'à l'altitude symbolique de mille mètres.

Un reste de curiosité me pousse à descendre jusqu'à l'étage de l'exposition temporaire. Elle est, en 2013, consacrée aux bijoux du toit du monde, de la Chine au Caucase. C'est bref et charmant, on ne voit pas comment cela pourrait attirer les foules à qui l'on a pris soin en peignant sur un mur un quatrain de Baudelaire de signifier qu'elles sont ici dans un établissement capable d'héberger des œuvres d'art et pas seulement des colifichets et des babioles résidus de visites officielles, dans un musée voulu par un homme féru de poésie :

« Quand il jette en dansant son bruit vif et moqueur
Ce monde rayonnant de métal et de pierre
Me ravit avec extase et j'aime avec fureur
Les choses où le son se mêle à la lumière. »

Hélas, le troisième vers compte une syllabe de trop qui devrait produire sur n'importe quelle oreille le même effet qu'une craie raclant un tableau d'ardoise : c'est « en » et non « avec » extase que l'auteur des « Bijoux » « aime avec fureur ». Le commissaire de l'exposition ne cherchait pas la poésie, il cherchait un nom pour faire chic. Il a pris Baudelaire : une grande marque. Agacé par ce mélange de cartels infatués et d'érudition boiteuse, je m'apprête à tourner les talons en direction de la sortie. Quel dieu des voyageurs m'a soufflé de n'en rien faire et de me diriger vers un prolongement du bâtiment où sont entreposées les réserves, c'est-à-dire quelques milliers (oui, des milliers) de cadeaux reçus ès qualités par celui qui fut Premier ministre pendant vingt-sept mois, maire de Paris pendant dix-huit ans et président de la République pendant un septennat suivi d'un quinquennat ?

Les responsables du musée ont eu l'idée épatante de rendre ces réserves accessibles au public. On y trouve rassemblée la plus extravagante, la plus hétéroclite, la plus prétentieuse, la plus naïve, la plus pittoresque, la plus déconcertante, la plus désarmante, la plus disparate, mais surtout la plus drôle, la plus désopilante collection d'horreurs en or, en tissu, en pierre, en toc, en rafia, en argent, en bakélite, en bois, en faïence ou en papier mâché qui ait jamais été rassemblée. L'effet d'accumulation annule la laideur gourmée ou naïve de ces objets. Ce n'est plus l'exposition des trophées de la vanité officielle, c'est presque une succursale de la maison du facteur Cheval. Comment donner une idée de cette profusion, de cet agglomérat, de cette surabondance ?

Exposés dans une pénombre intelligemment étudiée, voici des services à café en vermeil, en acier repoussé, en or, en porcelaine, tous ornementés, décorés, empanachés, festonnés, ouvragés, fignolés, rehaussés, parés, enluminés, adornés de mille complications dont les donateurs ont dû penser qu'elles en faisaient le prix. Une vitrine voisine expose des maillots de footballeurs, des statuettes de joueurs, des écharpes de clubs, des fanions, des mascottes en plastique, en tissu ou en mousse, tous et toutes parés des couleurs les plus chatoyantes, les plus voyantes, les plus tapageuses. Plus loin un ballon de football dans lequel sont piqués, comme dans un pamplemousse, les drapeaux des pays sélectionnés pour la Coupe du monde côtoie une maquette de TGV (?) et un cendrier creusé dans une sculpture de grenouille.

Des dizaines de colliers en corail, en ambre ou en gemme précieuse ou ordinaire, des œufs peints, des casques de motard aux couleurs d'une ville, d'une association, d'une escouade gendarmesque ou d'une équipe de compétition de cross. Des bustes du président français, des médaillons, des camées, des rondes-bosses à son effigie. Les innombrables clés des innombrables villes qu'il a honorées de sa visite, les unes plaquées or, les autres en bois précieux chantourné ; des montres aux bracelets rehaussés de pierreries et aux boîtiers resplendissants ; des animaux en verre, en opale, en barbotine, en céramique, en cristal, en métal de prix, en bois exotique. Des plats, des assiettes, des vases, des vasques, des hanaps, des coupes, des calices, des compotiers, des gobelets, des bols, la plupart maquillés comme des camions volés ou customisés avec chichis. Toutes sortes de statuettes évoquant toutes sortes d'allégories et, tout au fond, des tapis par dizaines, roulés sur leur support et dont on aperçoit les dessins chargés et les parements tape-à-l'œil.

On pense faire le tour de ces réserves en quelques dizaines de minutes, mais on est arrêté, presque à chaque pas et en tout cas devant chaque vitrine, par l'extrême insolite de tel objet, le naturel avec lequel tel autre recule ce que l'on croyait être les limites du mauvais goût, la componction qui semble entourer tel présent officiel, la crânerie, la puérilité, l'ostentation ou l'orgueil qui ont présidé à leur choix. Je voudrais faire partager cette matinée de bonheur, mais comment convaincre mes contemporains de visiter le musée du président Jacques Chirac ? En obtenant du conseil général de Corrèze qu'il le rebaptise « caverne d'Ali Baba » ? Il y aurait des pisse-froid pour y voir une offense à l'islam et, d'ailleurs, cela suffirait-il ? Non, décidément, je ne vois qu'une nouvelle appellation capable d'attirer les chalands en nombre tout en laissant une trace du passage de Jacques Chirac aux affaires : « musée de l'Abracadabrantesque ».

Paris si près, Paris si loin

Le département de l'Aveyron, avec ses 275 813 habitants compte soixante-trois notaires[1]. C'est sept de plus que le Tarn voisin qui aligne 375 379 âmes[2]. Ce n'est pas que le marché immobilier des résidences principales ou secondaires soit particulièrement florissant dans l'ancienne province du Rouergue, c'est que les tabellions gèrent les affaires nombreuses et prospères des Parisiens originaires de la contrée qui préfèrent ne traiter qu'avec des compatriotes. Avec eux, point n'est besoin d'expliquer les mœurs, les usages, les complications, les histoires de famille. Ils savent, ils comprennent, ils devinent. Le plus souvent, ces Parisiens sont « dans la bistrotaille », la grosse ou la petite. S'ils ont quitté (et bien vendu) leur café, il ne faut guère remonter de générations pour leur trouver derrière un comptoir des parents durs à la peine. « Travailler » est le verbe qui résumait l'existence de ces aïeuls immigrés de l'intérieur

1. Un pour 4 377 habitants.
2. Une étude pour 6 703 âmes.

comme il a résumé la vie de leurs descendants. Leur histoire commence à être connue[1]. Montés à la capitale parce que les enfants de cette province catholiquissime étaient trop nombreux pour la ferme familiale et que l'ancien droit d'aînesse l'emportait sur le Code civil, émigrés à Paris parce que le phylloxéra, à la fin du XIXe siècle, avait ravagé leurs vignes, ils y ont d'abord porté l'eau dans les étages, puis le bois, puis le charbon. Une planche posée entre deux tonneaux représenta leur premier débit de boissons.

Lorsque leurs bistrots commencèrent à devenir des affaires ils ne recrutèrent qu'au pays et firent monter de l'Aveyron des serveurs dont le sérieux pouvait être attesté par des personnes sûres. Celui qui se distinguait par sa rudesse à la tâche pouvait espérer qu'on l'aide à devenir gérant d'un autre établissement. S'il se mariait « bien » – c'est-à-dire avec une femme aussi travailleuse que lui –, il pouvait compter sur des conditions de prêt favorables. Une tontine lui assurait l'achat d'un bistrot. Elle était constituée par ceux qui avaient amassé du bien avant lui et lui offraient, sur la seule base de la confiance et pour un faible intérêt, la somme nécessaire à l'opération. Au fil des années, les remboursements permettaient de financer les nouveaux candidats. Ainsi Marcellin Cazes, arrivé sur les rives de la Seine en 1904, une main

1. Voir notamment *Le Clan des 12* de l'écrivain et historien Daniel Crozes aux Éditions… du Rouergue, 2012 ; Rémi Soulié, *Le Vieux Rouergue*, Les Éditions de Paris – Max Chaleil, 2005 ; Philippe Meyer, *Un Parisien à travers Paris*, *op. cit.*

devant une main derrière, livreur de bains à seize ans, puis commis charbonnier, marmiton et garçon de café, épousa une payse, devint avec elle propriétaire d'un café-billard boulevard Voltaire, le revendit pour une plus grosse affaire aux Halles avant de reprendre la brasserie Lipp en 1920. Il en multiplia les tables par neuf. Pour attirer l'attention sur son établissement, il en confia la décoration à Léon Fargue, prestigieux céramiste et verrier de grand renom (et père du futur *Piéton de Paris*). Lipp devint et demeura le rendez-vous des figures de la politique, de l'édition et du journalisme. Soixante ans plus tard, les frères Costes firent leur entrée dans le même petit monde à (et de) la mode en confiant à Philippe Starck, le plus médiatique des designers de l'époque, l'aménagement du café qui portait leur nom face à la fontaine des Innocents. Ce ne fut que la première étape de l'édification de ce qui est aujourd'hui un empire[1].

1. Après avoir vendu le café Costes à un marchand de fripes branché sur la clientèle venue du RER tout proche, les frères (qui sont trois et une sœur) possèdent le café Beaubourg, le Marly, au Louvre, le café de la Musique, à la Villette, l'Étienne Marcel dans le IIe arrondissement, l'Esplanade, aux Invalides, l'ancien Hôtel de France qui porte désormais leur nom rue Saint-Honoré, le Georges, sur la terrasse du centre Pompidou, la Grande Armée, à l'Étoile, le Coq, avenue Kléber, Ruc, au Palais-Royal, les caves Saint-Gilles et Chez Janou, dans le Marais, plus vingt et un autres établissements à l'heure où je frappe ces lignes. Il faut y ajouter (au moins) les cinq commerces à l'enseigne du Moulin de la vierge (pain, pâtisserie restaurant). Christian de Portzamparc, Olivier Gagnère, Dominique Jakob, Brendan McFarlane, Pierre Huyghe, Philippe

Gilbert Costes, futur président du tribunal de commerce, avait commencé par filer l'aligot à l'ambassade d'Auvergne, pendant que son frère Jean-Louis manœuvrait la pompe à bière dans une brasserie du Xe arrondissement tenue par des compatriotes.

Marcellin Cazes et les Costes sont originaires du même village du haut Rouergue, Laguiole. Si l'on dessinait un rectangle approximatif dont les quatre sommets seraient Mur-de-Barrez, au nord, Nasbinals la lozérienne, à l'est, Espalion, le « premier sourire du midi », au sud et, à l'ouest, Entraygues où la Truyère se jette dans le Lot, on aurait circonscrit la patrie de 80 % des tenanciers et des serveurs des cinq à six mille bistrots rouergats de souche que comptaient Paris et sa proche banlieue à l'apogée de la limonade, à la fin du XXe siècle. À ceux-là, il conviendrait d'ajouter leurs fournisseurs, le trio RTL (Richard, Tafanel, Ladoux) solidement alliés entre eux. Leur rôle dans la prospérité de la bistrotaille a été, est et restera longtemps capital. Tant que la loi ne le leur a pas défendu, ils ont avancé des fonds aux cafetiers en

---

Parreno, Jacques Garcia et Ricardo Bofill ont été leurs architectes d'intérieur. Lorsqu'ils rachetèrent Goldenberg, le célèbre restaurant juif de la rue des Rosiers victime en 1982 d'un attentat antisémite, ils furent soupçonnés de vouloir le rebaptiser « Costenberg ». En fait, ils furent amenés à le revendre à un marchand de vêtements, les travaux de toutes sortes exigés par les voisins représentant une trop grosse dépense. La fortune du seul Jean-Louis Costes est estimée par *Challenge* à deux cent quatre-vingts millions d'euros. Quarante millions de plus qu'Arnaud Lagardère.

mal de s'agrandir ou de se diversifier. Quand les banques ont réussi à leur barrer cette route, ils ont mis leur connaissance de chaque affaire au service de ceux qui voulaient en céder ou en acheter une. Inutile de faire miroiter des résultats mirobolants en ajoutant à celui déclaré aux impôts les sommes réelles ou imaginaires perçues en liquide et discrètement dissimulées[1] : ceux qui approvisionnent les bistrots et leur livrent le café et les boissons savent mieux que personne la valeur d'un fonds. Leur propre fortune se porte garante de la pertinence de leurs conseils. Leur probité est un article de foi. Ils n'aiment guère qu'on les qualifie de « parrains » des CHR (cafés, hôtels, restaurants). Non qu'ils n'en exercent pas toutes les responsabilités et toutes les prérogatives, mais parce qu'à leurs yeux le mot jette un soupçon injuste et infondé sur leur droiture et sur leur intérêt pour le pays.

En plus de leurs notaires et de leurs parrains, les Aveyronnais ont leur banque, la Compagnie aveyronnaise de gestion (CASEG). Rattachée à la branche aveyronnaise du Crédit agricole et irriguée par les capitaux des CHR, elle permet d'enrichir les caisses locales qui peuvent arroser de subventions les associations. En plus de leur banque, les Aveyronnais ont leur maison, l'Oustal, un immeuble de quatre-vingt-dix studios édifié à Bercy dans la dernière décennie du

1. André Damon et Guy Benhamou, *Mémoires du Petit-Journal. Itinéraires d'un garçon de café aveyronnais*, François Bourin, 2008.

XXe siècle avec l'épargne des Rouergats. Son accès est réservé aux jeunes Aveyronnais, de dix-huit à vingt-huit ans, venant s'installer dans la capitale. La durée de la location est d'une année renouvelable au maximum deux fois. En plus de leur immeuble, ils ont un foyer de jeunes travailleurs d'une centaine de chambres cité des Fleurs, dans le XVIIe arrondissement. Catholique à l'origine, il est également réservé aux émigrants des trois évêchés de Rodez, de Mende et d'Aurillac, mais sans qu'on leur demande aujourd'hui leur certificat de baptême.

On voit par là que la particularité unique de la diaspora aveyronnaise est d'avoir maintenu aussi solide, l'un que l'autre le lien entre ses membres à Paris et la relation avec le « pays ». « *E roda que rodaras, totjorn al pais tornaras* » (« Voyages que tu voyages, tu finiras toujours par revenir ») D'autres provinces françaises ont connu le même phénomène de migration interne et de diaspora : les Bretons, les Basques, les Alsaciens, les Corses. Mais seuls les Aveyronnais ont connu une telle spécialisation dans les CHR. Pour leur prospérité ils se sont servis du Rouergue et ils l'ont servi. C'est ce rapport de mutuel intérêt qui a conservé si longtemps un fort contact entre le Rouergue et la capitale. C'est en grande partie ce lien qui, aujourd'hui encore, fait vivre le Carladez.

Carladez ? Vous avez dit Carladez ? On ne trouverait pas un Aveyronnais sur cent qui connaisse le nom et les frontières de cette partie septentrionale de son département. Elle commence au nord du Lot, une dizaine de kilomètres au-dessus d'Entraygues[1], longe la Truyère et finit (du moins pour sa partie rouergate) à Mur-de-Barrez. L'Aubrac est son voisin, mais autant il est rond et bossué, autant le Carladez est escarpé, brusque dans ses déclivités, saillant dans son relief. Les toits couverts de lauzes comme d'autant d'écailles de schiste y adoptent les formes et les dimensions les plus changeantes, chacune adaptée au vent dominant, que le relief fait tourner ou gronder ici dans une autre direction que deux pas plus loin. Les maisons ne sont pas de ce basalte gris-noir de l'Auvergne et de l'Aubrac ; elles mélangent la pierre à l'ardoise. C'est un pays d'élevage : 6 200 vaches allaitantes, 1 900 laitières, 1 100 ovins et caprins dans le canton de Mur-de-Barrez qui constitue presque tout le Carladez aveyronnais. La surface agricole utile est donc essentiellement fourragère. La taille moyenne des 190 exploitations s'établit à une cinquantaine d'hectares. 14 % des agriculteurs ont moins de trente-cinq ans, 45 %, entre trente-cinq et cinquante, 41 % ont dépassé cet âge. La moitié des fermes dont l'exploitant a plus de cinquante ans n'ont pas de successeur en vue.

Certes, plus d'un agriculteur n'a pas les pieds dans le même sabot. À la ferme de Dilhac, à Lacroix-

1. On doit dire « Entraïlles », car on est dans le Rouergue et donc dans le Sud, alors que l'on prononce comme il s'écrit (avec la liaison) le nom de Chaudes-Aigues, que sa situation à soixante kilomètres au nord-nord-est de la rouergate Entraygues voue à la nordique Auvergne.

Barrez, un couple de quadragénaires, leurs trois garçons et leur fille élèvent bovins et cochons, distribuent dans tout le haut Rouergue son lait entier, son beurre et ses faisselles, proposent ses salaisons sous vide, cuisinent ses veaux et les vendent en bocaux avec boudin, potée, joues de porc et tripoux. Pour acheter ses jambons entier, il faut s'inscrire sur une liste d'attente. À la fin du printemps, ils mettent en vente leurs glaces et leurs sorbets, bio, comme le reste de leur production. La curiosité vaguement nostalgique des touristes pour le monde paysan ne leur a pas échappé. Ils organisent l'été des visites de leur élevage, expliquent la différence entre « allaitante » et « laitière », déchaînent en leur donnant leur pâtée les assourdissants couinements des cochons qui procurent aux visiteurs un délicieux effroi, présentent les plus jeunes génisses et les veaux de quelques mois. À une Parisienne qui les trouvait « tellement mignons » et demandait ce qu'ils allaient devenir, l'un des fils de la ferme, âgé de quinze ans, eut la présence d'esprit de répondre par cette litote : « Nous les transformons. »

Au fil des années, les enfants de Dilhac voyagent : en Espagne, en Amérique du Sud. Les aînés font des stages à l'étranger, la famille saisit les occasions et utilise le plus possible d'aides à leur formation. Elle a construit un confortable gîte en bois isolé de la manière la plus conforme aux prescriptions de l'écologie. Ses deux chambres sont ouvertes toute l'année et on y loge, selon la saison pour cinquante à soixante-dix euros par nuit. Tout est fait pour diversifier l'activité et donner aux enfants des raisons de la reprendre. D'autres éleveurs prennent de pareilles initiatives, souvent charcutières. Certains ouvrent des fermes-auberges. La châtaigne, autrefois mets des cochons et des plus pauvres, devient une source substantielle de revenus, transformée en crème ou en confiture de marrons, en farine, en sirop, en liqueur. Ailleurs, on ajoute à la ferme une activité estivale de restauration de plein air dans laquelle la viande du pays et l'aligot occupent la place d'honneur. À Thérondels, le bourg le plus septentrional et le plus haut du Carladez dont la population est quatre fois inférieure à ce qu'elle était avant la grande émigration, une coopérative laitière relancée avec le soutien de celle de Laguiole assure sur place la transformation du lait et produit depuis peu un savoureux fromage qui porte le nom du village.

Les Parisiens assurent une bonne part de l'écoulement des produits locaux grâce à des circuits directs de distribution. Des camionnettes réfrigérées apportent à de nombreux bistrots la viande du pays. Les expéditions sous vide de charcuterie ne sont pas la pire façon de maintenir le contact avec les savoir-faire locaux. Maçons, plombiers, couvreurs et artisans ne vivraient pas si leurs compatriotes de Paris ne leur donnaient pas leurs maisons à retaper, à aménager, à embellir. Ce sont leurs commandes qui assurent le maintien et la transmission des techniques traditionnelles de bâti en pierre, de taille de la lauze et de couverture des toits. Les indigènes moquent volontiers leur fatuité de nouveaux riches. Ils félicitent pour sa « porscherie » celui d'entre eux qui a fait construire un garage pour sa Carrera, sa Cayenne et sa Panamera. Le défilé des voitures hors de prix entre le 15 juillet et le 15 août et le grand train que mènent leurs propriétaires ne peuvent manquer de provoquer l'envie. Mais il y a peu de tensions entre Carladéziens de Paris et Carladéziens du Carladez. Le sentiment familial, traditionnellement élargi dans l'Aveyron aux amis proches, l'emporte sur la jalousie. L'intérêt aussi. Les uns parrainent les autres, et donnent du travail à leurs enfants. Même s'il est aujourd'hui impossible à un jeune Aveyronnais qui monte à Paris pour devenir garçon de café de s'élever dans la hiérarchie des bistrots comme autrefois (directeur de café, gérant de café, propriétaire), il est toujours vrai qu'il trouve une place dès le lendemain de son arrivée dans la capitale. Et si les grands parrains ne sont plus banquiers, ils peuvent toujours se porter garants auprès des banques.

Peu à peu, toutefois, le lien s'étiole, l'attache est moins forte. Beaucoup de Parisiens ne viennent plus que deux semaines en août, quand ils s'installaient autrefois pour les deux mois d'été. Ils ont acheté au bord de la mer des propriétés que leurs enfants préfèrent. Les amicales villageoises, qui entretenaient le goût et la prégnance du pays, n'attirent plus autant dans leurs banquets dont les traditions se renouvellent bien peu. La mobilité des nouvelles générations de Carladéziens est moins grande. La capitale leur fait davantage peur qu'à leurs aînés : n'est-elle pas, après Singapour, la deuxième ville la plus chère du monde ? Ils rêvent donc plutôt de « vivre et travailler au pays ». Mais le pays est chiche en initiatives. Les quatre barrages hydroélectriques sur la Truyère et sur le Goul représentent pour les communes du Carladez une rente qui cache les mêmes inconvénients que toutes les rentes. Elle inhibe les initiatives. Elle favorise un clientélisme d'emplois municipaux tempéré par une gestion de bons pères de famille (nous sommes dans l'Aveyron). L'argent de la rente est plutôt dépensé pour la voirie, pour les églises, pour l'éclairage public, pour les monuments aux morts, mais les communes ne prennent pas de risques : les projets de développement économique ne sont financés que si l'État, la région, le département, le pays du Rouergue, mettent la main à la poche, dans des montages où les communes n'engagent pas plus de 20 % des dépenses. Si le développement et la modernisation de la filière bois ou de la méthanisation les laissent froides, elles dépensent sans compter pour un projet de maison de santé ou une nouvelle gendarmerie.

Confrontée désormais, ici comme ailleurs, à la concurrence internationale, EDF, pour montrer son souci des régions où elle opère, a doté chaque vallée productrice d'une agence de conseil pour projets « économiquement pertinents » appelée « Une rivière, un territoire – Développement ». Elle a investi cinq millions d'euros dans la vallée de la Truyère et les élus comptent sur elle pour développer le tourisme. Les tourismes plutôt. Celui, traditionnel, qu'attire le vaste lac de Sarrans qu'il est question d'équiper en bateaux à propulsion électrique, le tourisme sportif et les activités de pleine nature (la région est parfaite pour les adeptes de via ferrata[1]) et le tourisme industriel, avec visite des entrailles des barrages, lorsque seront surmontés les problèmes de sécurité qu'aggravent sans cesse des normes toujours plus tatillonnes. On peut y ajouter le tourisme patrimonial : à Mur-de-Barrez, un entrepreneur provençal tombé amoureux du Carladez a ouvert dans un bâtiment du XVe siècle une maison de l'Histoire, dont chaque pièce illustre un thème à la manière de l'ancien musée Grévin : chevalier en armure, éventaire d'herboriste, médecin masqué affrontant la peste, salle de justice, salle des monnaies. À peine ouverte, cette galerie a vu affluer les visiteurs, comme ils affluent, à dix kilomètres au sud de Mur, au château de Vallon, dont les restes dominent la Truyère et, à dix kilomètres au nord, au château de Messilhac, où Bertrand Tavernier tourna l'essentiel de *La Princesse de Montpensier*. Au Carladez comme ailleurs, l'Histoire attire le touriste, donne un but à son séjour, lui offre un divertissement flatteur. En mai 2014, la visite du prince Albert de Monaco, duc de Valentinois, marquis des Baux ET comte du Carladez[2], venu découvrir cet ancien fief

1. Sorte de mélange de randonnée et d'escalade.

2. Et même baron de Calvinet en Carladès, seigneur de Saint-Rémy, sire de Matignon, comte de Torigni, baron de Saint-Lô, de La Luthumière, de Hambye et du Buis, duc de Mazarin, duc de Mayenne, prince de Château-Porcien, baron de Massy, comte de Ferrette, de Belfort, de Thann et de Rosemont, baron

de sa famille, a été habilement utilisée par le fondateur de la maison de l'Histoire devenu maire de Mur-de-Barrez pour mettre en valeur le passé et le patrimoine du bourg et de la contrée, attirer sur eux les projecteurs médiatiques et persuader les habitants que le tourisme patrimonial et historique pouvait devenir un ressort de leur développement.

Mais le touriste est un animal qui se raréfie avec la crise et il n'est pas de région de France qui ne le chasse, à la saison de ses migrations. Le Carladez, en plus d'être inconnu, n'est pas facile d'accès. En train comme en voiture, il faut compter six à sept heures pour le rejoindre depuis Paris. La ligne aérienne qui dessert la ville la plus proche, Aurillac, ferme en août. Pendant l'année, les élus les plus dynamiques aimeraient attirer vers les paysages et les aménités carladéziens des habitants des métropoles les moins éloignées. Mais Toulouse et Montpellier sont à près de quatre heures de voiture, Bordeaux à cinq, et par des routes fatigantes. Celle qui relie Espalion à Entraygues a été fermée à plusieurs reprises pendant de longues semaines pour cause d'éboulements, allongeant ainsi le trajet d'une demi-heure. Entre ces grandes villes et le nord de l'Aveyron, les liaisons ferroviaires sont décourageantes : cinq à six heures par le train et l'autobus pour Toulouse, en passant par Brive, à cent trente kilomètres au nord de la gare d'Aurillac à partir de laquelle il faut encore compter

d'Altkirch, seigneur d'Issenheim, marquis de Chilly-Mazarin, comte de Longjumeau et marquis de Guiscard...

une heure de route. Sept heures depuis Montpellier, avec deux changements, comme pour Bordeaux, à six heures d'Aurillac.

Pour faire connaître le Carladez et y attirer des visiteurs, il y aurait bien eu le parc naturel de l'Aubrac, en voie de constitution. Il aurait fait profiter l'ouest de la Truyère de l'attirance et du renom dont jouit cette magnifique terre à cheval sur trois départements depuis que des marcheurs en nombre s'y mêlent aux plus rares pèlerins de Saint-Jacques. Mais la commission des parcs naturels, composée d'experts nationaux imprévisibles et indépendants, a décidé que le Carladez offrait des paysages trop différents. Comme cette docte assemblée avait jugé que la Viadène, mitoyenne du Carladez et de relief et d'aspects fort comparables, était digne de faire partie du futur parc naturel de l'Aubrac, j'ai essayé d'interroger un de ses représentants. « Nous ne communiquons pas », fut sa seule et inflexible réponse. Dépités, les élus se tournent vers Aurillac et cherchent à reconstituer le Carladez historique, dont une partie se trouve dans le Cantal, tournant ainsi le dos à l'Aveyron.

Restent donc les Parisiens. Mais leur réel souci de leur petite patrie a un revers. Il tient à leur nostalgie pour l'Aveyron de leur enfance. Pour maintenir ce pays de carte postale, ils freinent ou empêchent les initiatives qui en modifieraient le paysage. Un projet d'installation d'éoliennes les a trouvés vent debout. On les loue d'avoir empêché le massacre d'un site et contribué à chasser une société de droit espagnol dont la probité n'était pas le plus bel ornement.

On les blâme pour les redevances perdues. L'idée de l'édification d'une base de loisirs sur le lac de Sarrans, sorte de marina avec pontons et piscine, s'est brisée sur leur opposition. On les félicite d'avoir protégé le pays d'un tourisme bas de gamme. On leur reproche les emplois perdus. Il faut faire avec le paradoxe qui les rassemble : ils aiment l'Aveyron d'autrefois, ils y viennent religieusement, mais ils s'y ennuient, faute de commerces et de services. Ils déplorent le manque d'activités économiques mais n'en créent pas, car la rentabilité n'est pas bonne et ils refusent celles qui dénatureraient le Carladez traditionnel. Après quoi ils partagent la même déploration : le pays s'endort après leur départ.

Acte pris de cette situation pour longtemps immuable, les élus portent ailleurs leurs espoirs et rêvent aux télétravailleurs pour vivifier leurs villages. Attirés dans le Carladez par sa beauté, son calme, sa sécurité, le bon marché des dépenses ordinaires, bref par ce que l'on appelle la « qualité de vie », ceux qui, sans avoir d'attache avec le pays, se sont risqués à s'y installer n'ont pas souvent été séduits par l'accueil des indigènes qui regardent et traitent déjà comme des étrangers des compatriotes originaires des autres parties de l'Aveyron. Installé depuis un an, un jeune homme venu du Nord-Pas-de-Calais qui avait eu la bonne fortune de conquérir une Carladézienne s'est vu expliquer de façon menaçante par des congénères qu'il n'y avait pas assez de filles dans le pays pour qu'on les laisse à des allogènes comme lui. Les médecins vieillissent. Ils trouvent des remplaçants pendant leurs vacances, mais peu de successeurs.

Au demeurant, la clef pour le développement du télétravail, ce sont les liaisons internet. Elles sont pauvres et les internautes rament. La promesse de voir arriver la fibre optique grâce à EDF paraît jusqu'à aujourd'hui n'engager que ceux qui la reçoivent. Aux élections municipales de mars 2014, les maires de presque toutes les communes du Carladez ont été dans certains cas renversés, à la surprise générale, dans d'autres paisiblement mais fermement remplacés. Dans un pays aussi conservateur (et très au-delà du sens politique de ce mot), où, selon la formule d'un ancien préfet, « on élirait un âne pourvu qu'il soit adoubé par l'élu sortant », il n'est pas interdit de voir dans cet imprévisible comportement des électeurs l'expression d'une volonté partagée, en tout cas d'un espoir de changement. Déjà, après avoir donné près de 70 % de leurs suffrages à Nicolas Sarkozy, les habitants du canton de Mur-de-Barrez avaient envoyé en 2011 au conseil général un socialiste dûment encarté mais connu pour son sens des contacts, son dynamisme et sa détermination à saisir les occasions de développement. Chaque fois que je suis surpris de ce grand écart et que, par pure malice, j'ai insisté sur l'appartenance au PS du conseiller général, j'ai recueilli une réponse semblable à celle que donnaient les Lotois quand on s'étonnait auprès d'eux qu'ils fussent représentés au Sénat par un homme à la peau aussi sombre que Gaston Monnerville : « Oh, allez, il n'est pas si noir que ça. »

Un enfant du pays des bistrots

Robert Delmas, né en 1931, ne fréquentait l'école de Lacroix-Barrez qu'entre la Toussaint et Pâques, quand ses parents n'avaient plus besoin de lui pour garder les vaches. Ça ne l'a pas empêché d'obtenir son certificat d'études à quinze ans et d'avoir le goût d'une langue qu'il n'a pas dans sa poche. Benjamin de cinq frères et d'une sœur, il ne lui restait de perspective qu'à la capitale. Aussi, à vingt-deux ans, devint-il garçon de café, ayant « fait son régiment » et pris épouse dans le village voisin de Murols. C'était, rappelle-t-il, au début des Trente Glorieuses. Le patron de l'établissement où on lui avait trouvé une place ne les avait pas vues venir. « Un Savoyard ! soupire-t-il pour expliquer cette cécité. Je lui ai acheté son bistrot en 1958 pour une bouchée de pain. J'ai bien réussi. D'autant mieux qu'à l'époque le fisc était moins regardant. Je peux bien le dire, il y a prescription. » Si le Buffon, dans le XVe arrondissement, est devenu une affaire florissante, une référence dans le quartier, c'est que Robert et sa femme y travaillaient d'arrache-pied : ouverts dix-huit heures par jour, trois cent soixante-cinq jours par an, de 6 h 30 à 2 heures. Ils ne se reposaient que le temps de faire la sieste. Son personnel ne comptait pas ses heures non plus. « C'est une époque où l'on ne pleurait pas sa peine, où on voulait une vie meilleure. » Delmas achète dans le quartier un appartement, où il s'installe, et deux studios. Aujourd'hui, il loge ses deux petits-fils dans les studios et loue l'appartement « parce que la retraite des commerçants »...

Robert, comme la plupart des autres bistrots de sa génération et de celle d'avant, s'est d'abord fait construire à l'une des extrémités de Lacroix-Barrez une demeure cossue et confortable. Puis il a acheté et exploité une ferme de cinquante hectares. Au bout de quarante-cinq ans, en 2003, il a mis son café en gérance, en attendant que son fils le reprenne. Ça ne s'est pas fait. Du coup, Robert a vendu le Buffon, mais pas à un bistrotier : « Après quarante-cinq ans, et avec l'inflation, j'aurais fait une plus-value monstrueuse sur la vente du fonds. Le fisc m'aurait tout pris. J'ai préféré déchirer ma licence et vendre à une banque. » Il lui reste quand même un regret : l'un de ses petits-fils, après avoir gagné pas mal d'argent en Afghanistan, est revenu à Paris « se mettre dans le commerce ». À quelques années près, il aurait pu reprendre le café du grand-père.

Bien avant de laisser son affaire, Robert Delmas avait été élu maire de Lacroix-Barrez, en 1989. « C'est un homme qui comprend vite, qui décide vite, qui agit vite. Tout le monde l'a compris et son élection a réglé la question des rivalités de personnes entre les

Crucibarréziens. » Ayant assez tôt loué trente-neuf de ses cinquante hectares, il a pu consacrer du temps à son mandat et l'a conservé jusqu'en 2008. Cette expérience a fait de lui un ardent partisan d'une réforme territoriale : dans le canton, seuls Mur-de-Barrez et Brommat ont plus de cinq cents habitants (autour de sept à huit cents chacune), et seule Brommat se développe, grâce à EDF. Lacroix-Barrez compte à peine cinq cents âmes, et Thérondels un peu moins. Murols, le village de Jeanne, l'épouse de Robert, n'a que cent cinq habitants et doit à chaque élection trouver parmi eux onze conseillers. Sans installation hydroélectrique, elle est la moins peuplée et la moins riche des municipalités du Carladez. Entre l'opulence de Brommat, qui « installe des trottoirs en or avec l'argent du barrage », et le dénuement de Murols, Lacroix-Barrez joue les petits riches : elle touche des redevances pour la proximité du barrage de Couesque, et surtout un loyer annuel pour la présence sur son territoire de pylônes de deux cent vingt mille et de quatre cent vingt mille volts.

Robert Delmas n'aime pas cet argent : « Les maires des petits villages riches ont du mal à le gérer. Ils le gaspillent facilement. » Il a su les aider à le dépenser avec plus de sagesse, en faisant acheter par la communauté de communes le château de Vallon, situé sur le territoire de Lacroix. « C'était très important, parce que Vallon est un haut lieu touristique du Carladez, mais c'était un trop gros investissement pour nous. » La propriétaire, fonctionnaire importante de l'Union européenne à Bruxelles, avait englouti des fortunes en travaux : « Plus de cent millions d'anciens francs[1] », précise l'ancien cafetier qui rétroconvertit automatiquement les euros en francs et les francs en anciens francs. La mort dans l'âme, la châtelaine s'est résignée à se défaire de son château. Elle s'est tournée vers le conseil général qui lui en a offert un franc symbolique. Vexée, elle s'est laissé inviter au restaurant par Delmas, qui lui en a proposé cinquante millions (toujours d'anciens francs, bien sûr, à quoi bon parler dans une monnaie dont les chiffres sont si maigres ?).

L'exemple du château de Vallon ne montre-t-il pas que la communauté de communes du Carladez dont le territoire recouvre celui du canton de Mur-de-Barrez pratique l'entraide ? « Dites plutôt que Brommat est une vache à lait. Il faut savoir la traire. C'est une situation malsaine. Le canton a trois mille deux cents habitants : on pourrait en faire une seule commune, avec un maire à temps plein mais bien payé, plutôt que six municipalités dirigées par des maires sous-payés qui travaillent quand même beaucoup. Seuls les retraités de la fonction publique ont à la fois le temps et l'argent pour pouvoir s'occuper de l'administration de si petits villages. »

Robert Delmas croit aux atouts du Carladez. Beauté, tranquillité, sociabilité. Une agriculture qui ferait bien de se moderniser plutôt que de compter sur l'argent de Bruxelles. « Notre lait et notre viande sont de bons produits. Il faut faire en sorte de les

1. Environ deux cent mille euros.

transformer sur place. Les broutards sont envoyés en Italie : il faut des circuits plus courts ! Au lieu de faire des envieux, la ferme de Dilhac devrait faire des émules. Nos artisans travaillent bien : maçons, couvreurs, menuisiers ne manquent pas d'ouvrage, mais plutôt de main-d'œuvre. Une commune unique pourrait mener une action de prospection et de formation. Rodez est trop loin, et l'Aveyron nous ignore. Il faut accentuer les relations avec Aurillac, même si la préfecture du Cantal a plutôt végété pendant que celle de l'Aveyron prospérait. »

« On est peut-être en bas de l'échelle, mais chez nous les agriculteurs gagnent très bien leur vie grâce aux subventions. L'argent de Bruxelles est bon à prendre, mais il est presque aussi dangereux que celui des barrages. Il n'incite pas à passer à la transformation, à développer l'agroalimentaire mais plutôt à investir dans du matériel toujours plus moderne puisque c'est un achat sur lequel on peut récupérer la TVA. Il n'y a guère de nouveaux venus. Le Carladez est inconnu et on ne les y accueillerait pas les bras ouverts. Pas mal de hippies se sont installés dans le coin ou y sont revenus après 68. La plupart sont repartis. Ne sont restés que les rares à être originaires du pays et, dans le canton voisin, un couple de potiers anglais qui a réussi à créer un “pôle européen de céramique contemporaine”. » Le tourisme s'est développé tardivement : le milieu paysan traditionnel ne voulait pas entendre parler de l'arrivée d'étrangers. Des restaurateurs ont cru pouvoir s'installer sans être du métier : il y en a eu un qui ne changeait pas les assiettes pour le fromage... Ceux qui souffrent, ce sont les commerçants. Les artisans, eux, sont à l'aise. Ils ont de grosses commandes des Parisiens. Récemment, celle d'une maison de quatre cents mètres carrés de plain-pied, couverte de bardeaux anciens, avec quatre garages et une piscine à profondeur réglable qui peut devenir piste de danse ! Le tout pour un million quatre (à partir du million, Robert Delmas veut bien utiliser les euros). Les parents désapprouvent un pareil chantier : « Ça fait cher pour une niche à chien ! »

« Le drame du Carladez, c'est l'érosion démographique. Il y avait des écoles et des curés partout. Celui de Mur-de-Barrez est polonais. Il dessert des paroisses qui sont à une heure de voiture alors que, de temps immémoriaux, le Carladez envoyait partout des prêtres. La population est vieillissante : on compte dix décès pour une naissance[1] ! Il n'y a plus personne. Les maisons en pierre sont à vendre pour une bouchée de pain : personne n'achète. On a construit en même temps que le canton se vidait : il y a aujourd'hui trois fois plus de maisons pour moitié moins d'habitants. »

Un jeudi sur deux, la camionnette d'un boucher réputé de Mur-de-Barrez livre des restaurants pari-

---

1. Selon les chiffres que m'a aimablement fournis Laurent Davezies, titulaire de la chaire « Économie et développement des territoires » au Conservatoire national des arts et métiers (Cnam), le canton de Mur-de-Barrez est celui de France où l'âge moyen est le plus élevé.

siens. Quand il veut monter à la capitale, Robert Delmas en profite. Le train est très long, les trajets de nuit qu'il affectionnait n'existent plus, l'avion est trop cher. « Ça aussi, ça pèse », gronde-t-il. Donc, à quatre-vingt-trois ans, il est pessimiste ? Le mot n'a pas de sens pour lui. Il prend l'exemple de Laguiole, qui était moins riche que Mur-de-Barrez et que personne ne pouvait situer sur une carte. Aujourd'hui, c'est un village prospère et visité, alors qu'il n'a pas l'ombre d'un patrimoine historique. Mais il a eu Michel Bras et son restaurant, dont le succès a fait des petits. Il a eu André Valadier, qui a sauvé la race Aubrac et relancé la coopérative laitière. Il a eu Jean-Louis Cromières, qui a fait revenir la fabrication du couteau. C'étaient trois entreprises qui défiaient le bon sens, les experts et la rumeur publique. « L'avenir, c'est une affaire d'hommes », conclut Robert Delmas, qui sait trop ce qu'il doit à son épouse pour ne pas inclure les femmes dans ce mot et dans cette espérance.

La fosse, le Louvre, le foot

Quelques jours après l'ouverture du Louvre-Lens, Xavier Dectot, son directeur, causa une visible déception à des visiteurs nordistes en rappelant, au détour d'une présentation du monumental autel du dieu Mithra, que la statuaire romaine copiait la statuaire grecque. Ainsi donc, les œuvres envoyées par le Louvre à Lens n'étaient que de copies. On s'en doutait. Paris gardait pour soi les originaux, de peur qu'on les lui salisse. C'était trop beau. Une région livrée de si longue date au marasme n'avait aucune chance d'abriter des chefs-d'œuvre des civilisations de Mésopotamie, d'Égypte, de Perse, ou d'Inde, des peintures du Pérugin, de Raphaël, de Vinci, d'Ingres ou de Delacroix, des sculptures de Coysevox, de Thorvaldsen ou de Barye. Xavier Dectot, dont le sérieux de chartiste s'accommode sans souci d'une physionomie bonhomme et d'un tour de taille de chartreux, inspire suffisamment confiance pour parvenir à remonter une telle pente. Aussi finit-il par convaincre les déçus que par « copier », c'est « s'inspirer de » qu'il voulait dire : le relief représentant Mithra égorgeant un taureau, l'une des œuvres les plus goûtées des visiteurs du Louvre-Lens, date bien du IIᵉ siècle de notre ère.

Dans la longue galerie du Temps sont exposées deux cent cinq œuvres. La plus ancienne remonte à 3 500 avant Jésus-Christ – une tablette mésopotamienne en écriture précunéiforme –, la plus proche de nous fut peinte en 1857 et célèbre le Louvre de Napoléon III. Leur présentation obéit à un principe scénographique décidé en opposition aux traditions des musées en général et du Louvre en particulier : aucune œuvre n'est accrochée aux murs. Les tableaux sont présentés sur des mini-cimaises, les sculptures sont posées sur le sol, sur des sellettes ou sur de grands plateaux blancs. « En somme, le Louvre-Lens traite les œuvres du passé comme des pièces d'art contemporain, et c'est là le vrai renversement de situation », s'extasie un commentateur facilement inflammable. Sans doute, mais si chaud partisan qu'il soit de cette innovation, Xavier Dectot n'en observe pas moins que le visiteur est surpris et même dérangé par l'absence de distance entre l'œuvre et lui. Qu'on le laisse en contact si rapproché le porte à craindre qu'elle ne soit fausse, surtout s'il est néophyte.

« C'est le vrai ? » est donc une des questions le plus souvent entendues devant tableaux et sculptures depuis l'inauguration du Louvre-Lens, le 4 décembre 2012, jour de la Sainte-Barbe, patronne des mineurs. Elle est adressée à la quinzaine de médiateurs, garçons et filles âgés de vingt-cinq à trente ans, plasticiens, vidéastes, ethnologues, archivistes, historiens d'art de formation, tantôt conférenciers, tantôt accompagnateurs à la demande, venant compléter ou développer les renseignements excellemment fournis par l'audioguide. Pendant les travaux d'édification du bâtiment, ils se firent missionnaires et prosélytes, allant cogner aux portes des maisons et des appartements pour présenter le musée, deux par deux, tels des témoins de Jéhovart. « Bonjour, nous sommes le Louvre, votre nouveau voisin, on s'excuse pour la gêne occasionnée par les travaux, venez prendre le pot de l'amitié à la maison du projet. » « Vous êtes étudiants ? » est aujourd'hui l'autre interrogation qui leur est le plus souvent adressée, comme s'il n'était pas plus envisageable que les emplois du Louvre-Lens soient de vrais métiers que les œuvres d'art soient des originaux.

Sans doute ne faudra-t-il pas longtemps pour que ce scepticisme se dissipe et il ne méritera bientôt plus d'être mentionné que pour souligner l'étrangeté du projet de ce musée délocalisé, et d'abord aux yeux de ceux pour le bien de qui il a été officiellement conçu. Car c'est à peine s'il est question d'art dans les présentations, les justifications, les analyses de l'implantation d'une annexe du Louvre sur le carreau de l'ancienne fosse 9 dont les installations, abandonnées dès le début des années soixante, avaient cédé la place à un vaste terrain vague, mi-décharge, mi-réserve naturelle sauvage. Redonner leur fierté aux Lensois, aux habitants des corons et des cités, aux anciens mineurs, à leurs femmes, changer l'image de la région, attirer les investisseurs, les industries et les emplois, faire repartir l'économie, telles sont les intentions les plus hautement proclamées, et pas seulement dans les milieux politiques. Sont cités à l'appui de ces ambitions de résurrection la région de la Ruhr (et le classement par l'Unesco au patrimoine mondial du complexe industriel et de la mine de charbon de Zollverein[1]), la province de Biscaye, avec l'implantation à Bilbao du musée Guggenheim dessiné par Frank Gehry, ainsi que la ville de Manchester, dont l'Imperial War Museum est signé Daniel Libeskind et le centre Urbis, voué à la musique, à la mode et aux jeux vidéo, est dû à Ian Simpson.

C'est un point sur lequel il y a matière à discuter. Dans la Ruhr, bien que la puissance publique ait, parallèlement à ses substantiels investissements muséaux, soutenu une activité industrielle forte, la population a diminué, le taux de chômage demeure l'un des plus élevés d'Allemagne et le traitement social de la précarité absorbe une part considérable des budgets des villes et du land. Au Pays basque, le musée Guggenheim n'est que la partie émergée d'un plan de rénovation industrielle qui a vu Bilbao et sa région s'affirmer dans les activités de service et de haute technologie et son port devenir l'un des plus importants de l'arc atlantique. Manchester, secouée par l'un des plus spectaculaires et des plus dévastateurs attentats de l'IRA en 1996, a pu et su remodeler son

1. À quoi il convient d'ajouter le musée d'histoire de l'industrie, la transformation du gazomètre d'Oberhausen en cité des sciences, le musée de la mine de Bochum, la renaissance de la vallée de l'Emscher.

centre-ville. Elle a pris de substantielles mesures d'aide aux entreprises. Elle a créé une zone franche. Avec l'aide du gouvernement britannique, elle est parvenue « à stimuler et à diversifier l'économie par la restauration du cœur commercial, la création d'équipements culturels, mais aussi par la mise en place d'une stratégie de transport intégrée et l'amélioration du cadre de vie[1] ». Dans ces trois exemples donnés en modèle à propos du Louvre-Lens, la création de très importantes structures culturelles a fait partie dès l'origine de plans de revitalisation économique et urbaine ; leur impact touristique a été postulé et son importance, réelle, mesurée. Culture et tourisme n'ont cependant fait qu'accompagner une régénération bien plus large, conduite sous une gouvernance raisonnablement cohérente. Rien de comparable dans le cas du Nord-Pas-de-Calais, où le postulat serait plutôt inversé : c'est de l'implantation d'une structure culturelle prestigieuse que l'on attend le rebond d'activités, la résilience[2].

---

1. Bruno Lusso, « Culture et régénération urbaine : les exemples du Grand Manchester et de la vallée de l'Emscher », *Métropole*, n° 8, 2010.

2. Analysant la fréquentation de deux des centres culturels liés à ces politiques de régénération, l'Urbis de Manchester et le musée du Design d'Essen, Bruno Lusso relève que « les catégories sociales les plus défavorisées restent dans l'ensemble peu concernées par l'institution, dans la mesure où elles représentent moins de 10 % des publics muséaux et ce, en dépit de la gratuité totale du centre Urbis et d'une grille tarifaire favorable aux catégories sociales plus défavorisées dans le cas du

Le Louvre-Lens, classé 26e des « 46 endroits où aller en 2013 » par le *New York Times*, dans un fourre-tout pour nouveaux riches où se télescopent Rio, Singapour, la Mongolie, le Monténégro, le Yucatan, les Malouines, Washington et Paris, peut-il être l'atout annoncé à son de trompe d'une renaissance de l'ancien bassin minier ? Le musée a reçu 331 936 visiteurs au cours de ses cent premiers jours ; un sur deux habite le Pas-de-Calais. Du directeur aux médiateurs, chacun commente ce succès en insistant sur le fait qu'« on ressent un élargissement du public et on rencontre des gens qui n'avaient jamais franchi la porte d'un musée ». L'ouverture a été remarquablement travaillée, mitonnée même, avec des opérations de communication de longue haleine, non seulement auprès des lycéens, à qui la région a offert un voyage au Louvre à Paris pour les préparer à leur future visite de l'annexe de Lens, mais auprès des habitants qui ont été informés, aguichés et affriolés par toutes sortes de missi dominici, sans compter le travail de mise en condition favorable effectué par les médias régionaux, heureux d'avoir un pareil projet à présenter et à suivre, ce qui n'a pas empêché certains d'entre eux de se montrer critiques et de pointer le risque que le Louvre-Lens soit une bulle hors sol et qui ne porte de Lens que le nom.

Le succès d'affluence ne peut pas constituer un sujet d'étonnement sincère. Si une soucoupe volante

musée du Design » (*ibid.*). La transformation du centre Urbis en musée national du football modifiera peut-être cette donnée.

était tombée sur l'emplacement de l'ancienne fosse 9, dite « fosse Saint-Théodore », le Nord-Pas-de-Calais aurait fourni de copieux défilés de curieux et on serait venu de loin et de plus d'un pays pour voir de près le phénomène. Or le bâtiment imaginé par l'atelier japonais SANAA[1] était aussi inattendu et incongru à Lens qu'un vaisseau extraterrestre. Pour autant, ses cinq éléments articulés n'ont pas l'apparence écrasante généralement attribuée aux embarcations venues d'une autre galaxie. Légers, élégants, fondus dans le décor leur façade réfléchit ou absorbe la lumière selon les humeurs du climat. Les architectes ont dessiné une structure basse, parce que la ville de Lens n'a pas de bâtiment élevé (à part le stade Bollaert), afin que le musée ne soit ni intimidant ni imposant et parce que le terrain surplombe déjà la ville de trois mètres cinquante : c'est un remblai, un terril plat (une « terrasse »).

Loin de gommer le passé, à l'extrémité de la grande galerie, le pavillon de verre ouvre sur le paysage familier aux mineurs : les terrils jumeaux de Loos-en-Gohelle, les plus hauts d'Europe, l'alignement des Camus bas, une cité faite de logements préfabriqués en béton construits en quatorze jours par un disciple de Le Corbusier, le stade Bollaert-Delelis. Il porte les noms du directeur commercial de la Compagnie des mines de Lens qui en décida la construction entre les fosses 1 et 9 en 1931 et d'André Delélis, maire de

1. Qui réunit Kazuyo Sejima et Ryue Nishizawa, l'une et l'autre lauréat du prix Pritzker 2010.

Lens et ministre du gouvernement Mauroy, qui racheta le stade et sauva le Racing Club lorsque les Houillères abandonnèrent l'exploitation, les logements, les écoles, les églises, les équipements qu'elles avaient fait construire et dont elles s'étaient assuré le contrôle.

Les bulles de verre du hall d'accueil renforcent cette volonté de transparence et d'ouverture, tout comme les « coulisses » du sous-sol, qui laissent voir l'envers du musée, ses réserves, son histoire, tandis que l'installation, la restauration et le déplacement des œuvres sont visibles sur des écrans vidéo. Dans ce bâtiment simple, tout invite à entrer et à se mouvoir librement. Les déplacements y sont fluides, l'acoustique en est remarquable. La forte affluence ne provoque pas l'habituel et désagréable brouhaha. Nul besoin de hausser la voix pour se faire entendre.

Autour du Louvre, un parc[1]. Très dessiné autour du bâtiment, il devient plus sauvage à ses extrémités, éclairé par des lampions dont la forme rappelle emphatiquement les lampes des mineurs. Des boudins recouverts de gazon forment des « canapés verts » pour les jours de beau temps. Ils font aussi office de protection contre d'éventuelles voitures béliers. À en juger par certains propos que j'ai entendu proférer dans le train Lens-Lille par un voyageur imbibé, c'est là une sage précaution, même en considérant que des projets de vandalisme peuvent s'évaporer avec l'alcool. Le parc est raccordé à une coulée

1. Conçu par Catherine Mosbach.

verte qui rejoint la gare de Lens. Elle réunit les friches minières, les anciens puits, et s'inscrit dans la trame végétale projetée par la mission d'urbanisme Euralens, chargée de l'accessibilité et de la signalétique du musée.

Tout n'est pas allé sans anicroches dans la réalisation du projet, mais les erreurs de construction ont été mineures. Un réseau de tuyauterie percé par mégarde s'est trouvé bouché par des infiltrations de béton. Par malheur, ces tuyaux servaient à l'évacuation des eaux noires. Les toilettes refluèrent donc incompréhensiblement jusqu'à ce que l'introduction d'une caméra dans la plomberie permette de comprendre l'origine de cet inconvénient. Bien que le toit soit en légère pente pour permettre l'écoulement des eaux de pluie, une erreur dans un percement a provoqué d'humides déconvenues. Le sol, d'ailleurs assez laid, de la galerie du Temps se fissure par endroits et l'aluminium anodisé qui revêt les murs n'est pas parfaitement collé. Cela provoque des cloques dont les déplacements sont assez imprévisibles pour constituer un désagréable casse-tête. L'aménagement des alentours laisse à désirer, quelquefois pour des raisons qui ne prêtent pas seulement à sourire : si l'un des parkings les plus commodes reste presque vide, situé sur le territoire de la commune voisine (et rivale) de Liévin, il n'apparaît pas sur les écrans des GPS lorsque l'automobiliste tape « Louvre-*Lens* »…

Quoique le Louvre soit présenté comme un moyen de donner de l'attractivité à Lens, les parcours qui y conduisent depuis la gare tiennent la ville à l'écart des flots de visiteurs. Peu d'entre eux cherchent à y passer la nuit. Il est vrai que la cité a été entièrement détruite durant la Première Guerre mondiale, mais sa reconstruction a laissé de charmants bâtiments Art déco et quelques-uns de ses commerces de bouche méritent d'être connus. L'hôtellerie y est rudimentaire, âgée, terriblement provinciale, mais d'une province d'avant Pompidou. On ne voit d'ailleurs pas pourquoi, au cours des dernières décennies, les hôteliers auraient investi dans la modernisation de leurs établissements. Certains s'y résolvent désormais, peu ou pas aidés par des pouvoirs publics, apparemment résignés à ce que les hôtels d'Arras ou de Lille soient les véritables bénéficiaires de l'installation du musée. L'annonce de la construction d'un quatre étoiles (quelquefois présenté comme cinq) à deux pas du Louvre exprime le point de vue du marché : les investisseurs font davantage fond sur les cachemires double fil et les confortables berlines que sur les classes moyennes et ouvrières avides de culture. François Pinault a racheté une maison d'ingénieur en face du musée pour y installer une résidence d'artistes. Le restaurant ouvert dans le périmètre du Louvre a été confié au chef deux fois étoilé du relais et château de Beaulieu. Les additions moyennes y sont à cinquante euros et le croque-monsieur de la « carte afternoon » (!) à huit euros. Le succès de cet établissement montre que le marché ne s'est pas mis le doigt dans l'œil. Les amateurs d'art qui ne craindront pas de marcher une centaine de mètres pourront aller commander une carbonnade-frites chez Cathy, le bistrot « historique », cantine de l'équipe des architectes japonais pendant la construction. Les médias du monde entier ont goûté son potjevleech, mélange de viandes de poulet, de lapin, de porc et de veau, froids, pris dans une gelée, servi avec des pommes dunkerquoises. Le bar y est décoré d'anciennes photos de la fosse, des mineurs et du chevalet (ou chevalement) 9, la grande tour de métal utilisée pour descendre et ramener les hommes et pour remonter le charbon.

Les références à la mine et à ceux qui y travaillèrent sont également présentes dans l'entrée du musée, sans que l'on comprenne s'il s'agit d'exorciser ou de célébrer un passé qui semble encombrer plus que stimuler. C'est que le statut de cette histoire locale n'est pas clair. Les élus, qui s'étaient acharnés à détruire le patrimoine minier, ont effectué à son sujet un virage à cent quatre-vingts degrés. Pour certains, cette réticence reposait sur les meilleures intentions, mais à courte vue. S'ils voulaient effacer les traces de l'activité minière, c'est qu'elle avait beaucoup abîmé le Pas-de-Calais. La mine avait laissé des séquelles dans le paysage : les sols de Loos-en-Gohelle, limitrophe de Lens, où la Compagnie des mines de Béthune avait ouvert neuf fosses, se sont affaissés de quinze mètres. Les réseaux d'eau ont été fracturés, les sols pollués, le paysage défiguré. La mine avait laissé des séquelles économiques : la perte de deux cent trente mille emplois lorsque l'exploitation n'a plus été rentable. La mine a laissé des séquelles sociales durables : la population n'a pas acquis l'habitude de prendre soin d'elle, la Compagnie s'en occupait. L'état de santé général est resté très mauvais : les diabétiques attendent d'être dans le coma pour aller à l'hôpital ; les femmes ne font pas dépister le cancer du sein. « Dans les années quatre-vingt, on voulait en finir avec ces séquelles », observe l'historien Bernard Ghienne, qui créa contre vents, marées et maire de Lens une revue d'histoire locale, *Goheria* (le nom latin de la plaine de Lens, la Gohelle). Et l'opiniâtre chroniqueur d'ajouter, pour expliquer le mauvais accueil réservé jadis à son projet par les élus : « On voulait être comme tout le monde. »

Du passé minier, il n'y eut pas que les élus socialistes ou communistes pour vouloir avec entêtement faire table rase. Longtemps, la population n'a pas cru, n'a pas pu croire, à la fin de ce charbon, ressource du pays depuis près d'un siècle et même ressource exclusive, puisque les Houillères empêchèrent l'implantation d'autres activités afin de garder pour elles une main-d'œuvre à disposition. Les fermetures successives dans le Pas-de-Calais, le Nord, la Lorraine, le Massif central, annoncées et amorcées dès 1960 et renforcées par le plan Bettencourt après l'échec de la grande grève de 1963, n'y ont rien fait : « On croyait au retour de la mine. C'était une sorte de *cargo cult* », explique Bernard Ghienne. Après tout, les Britanniques n'ont-ils pas conservé l'ensemble de leurs exploitations de charbon jusqu'en 1983, l'année même où la dernière fosse de Lens était fermée ? Lorsque ce rêve éveillé a pris fin, parmi ceux qui l'avaient rêvé, beaucoup ont souhaité tourner la page et même l'effacer.

À chacun de mes voyages à Lens, il n'est pas un interlocuteur que j'aie interrogé sur le présent et sur l'avenir du Bassin qui n'ait tenu, d'abord, à brosser pour moi un tableau de ce passé à dépasser. Zélateurs ou contempteurs du Louvre, champions ou brocardeurs de la transformation des terrils jumeaux devenus lieux d'une promenade aménagée, admirateurs ou persifleurs de la scène Culture commune, convaincus ou goguenards devant les projets d'éco-activités de pointe, les ambitions de modernisation des infrastructures et les annonces de la résurrection grâce au Louvre, tous et chacun ont d'abord et longuement voulu s'assurer que j'assimile l'histoire du bassin et que j'en soupèse le poids. Je soutiendrai même ce paradoxe : plus un acteur politique, économique ou associatif s'est montré convaincu que la Gohelle allait connaître de nouveau une période de développement, voire se trouver une nouvelle fois au cœur de ce que l'activité économique a de plus moderne, plus il s'est étendu sur la pression du passé sur sa région. Ce n'est qu'ensuite qu'il répétera à l'envi que la fierté retrouvée est la condition de la « résilience » – le mot le plus souvent prononcé dans le Pas-de-Calais au cours de la dernière décennie.

C'est animé de cette conviction que Daniel Percheron, président de la région, a porté, financé, imposé ce Louvre-Lens, à ses yeux « clef de voûte et couronnement » d'une politique culturelle initiée dans le Nord-Pas-de-Calais par Pierre Mauroy. Dans l'archipel noir du bassin minier transformé en un archipel vert, dans une ville « durable » parsemée de parcs et où domineront les modes de circulation douce, le musée deviendra la « tête de pont » d'un réseau incluant la centaine d'autres musées de la région, dont quarante-cinq portent le label « musée de France », imaginé par Françoise Cachin et créé par une loi de 2002 qui rend ces établissements éligibles aux soutiens scientifiques, techniques et financiers de l'État.

Qui connaît le musée des Augustins d'Hazebrouck et ses collections d'art sacré et de peinture flamande, le musée du dessin et de l'estampe de Gravelines, qui expose l'*Apocalypse* de Dürer, le *Chef-d'œuvre inconnu* de Balzac illustré par Picasso et la collection privée du sculpteur Arman, la chartreuse de Douai, dont les dix mille œuvres sont signées de Jordaens, Van Ruysdael, Véronèse, Chardin, Greuze, Delacroix, Courbet, Corot, Jongkind, Pissarro ou Bonnard, le musée du Mont-de-Piété de Bergues, et son *Veilleur au chien* de La Tour, le musée de Cambrai et les œuvres d'Ingres, Chassériau, Boudin, Camille Claudel, Rodin, Bourdelle, Pompon, Utrillo, Van Dongen, Sonia Delaunay ou Suzanne Valadon, le musée Roger-Rodière de Montreuil et ses deux cent cinquante pièces d'art sacré dont les plus anciennes remontent au xe siècle, le musée de Sars-Poteries qui abrite la plus grande collection d'œuvres contemporaines en verre ? Sans compter les établissements, tous dûment labellisés, voués à la mine, à la dentelle, à l'activité portuaire, à l'histoire naturelle, au général de Gaulle, au marbre, aux traditions populaires. Seuls affleurent à la connaissance de l'opinion – et ce n'est pas peu – le palais des Beaux-Arts de Lille, le musée de Valenciennes, celui d'Arras, le musée Matisse du Cateau-Cambrésis, le château musée de Boulogne-sur-Mer, voué à l'art et à l'archéologie, le musée d'Art moderne, d'Art contemporain et d'Art brut de Villeneuve-d'Ascq, le musée d'Art et d'Industrie, La Piscine, à Roubaix.

Mettre en réseau toutes ces collections, vouer le pavillon de verre du bâtiment de SANAA à leur présentation et créer un billet d'entrée commun devrait constituer un élément essentiel de l'opération de résilience dont le Louvre-Lens serait le catalyseur. (Quelquefois, Daniel Percheron parle de « tête de gondole » et de la « puissance d'attractivité de la marque Louvre ».) De l'argent que nécessitera cette nouvelle étape, le président du conseil régional ne parle pas. Le Louvre-Lens a coûté cent cinquante millions d'euros et son fonctionnement en demande quinze par an. Deux fois plus que prévu, dans les deux cas. L'essentiel provient de la région, qui devra prendre en charge le prolongement de la gratuité d'accès au musée au-delà de la première année de fonctionnement si Paris l'accepte. L'hypervolontarisme de Percheron l'obtiendra sans doute, en mêlant la persuasion, la ruse et le charme, ou en mettant la main à la poche. Après tout, il a apporté Lens sur un plateau au président du Louvre à qui l'opération n'a presque rien coûté et qui, non moins madré que le sénateur, a compris en un instant quelle image cette délocalisation rapporterait à son établissement.

Sans aller jusqu'à donner satisfaction à Daniel Percheron qui lui demandait *La Joconde*, Henri Loyrette a envoyé, pour ne parler que de la peinture, des œuvres majeures de Botticelli, du Pérugin, de Raphaël, du Greco, de La Tour, de Rembrandt, de Fragonard, de Goya, de Corot, d'Ingres et le tableau le plus symbolique (mais qu'il est loisible de considérer comme le moins intéressant) de Delacroix, *La Liberté guidant le peuple*[1]. Sans oublier que la première exposition temporaire, sur la Renaissance (période de l'histoire dont je ne serais pas étonné qu'elle soit rebaptisée la « Résilience »), a vu arriver à Lens, autour de *Sainte Anne, la Vierge, et l'Enfant jouant sur un agneau* de Léonard de Vinci, un *Saint Jérôme* de Lorenzo Lotto, un Tintoret, des Dürer, des Memling, une médaille de Cellini, le portrait de *François Ier* par Titien. On voit par là que le Louvre-Lens peut mériter mille critiques, mais certainement pas celle d'être un musée au rabais.

Les conservateurs du Grand Louvre, du moins ceux d'entre eux au voyage desquels j'ai eu la

1. De Botticelli, *La Vierge et l'Enfant* ; du Pérugin, *Saint Sébastien*, de Raphaël, *Baldassare Castiglione* ; du Greco, *Antonio de Covarrubias y Leiva* ; de Rubens, *Le roi Ixion trompé par Junon, qu'il voulait séduire* ; de La Tour, *La Madeleine à la veilleuse* ; de Rembrandt, *Saint Matthieu et l'ange* ; de Fragonard, *Portrait considéré à tort comme de Denis Diderot* ; de Goya, *Mariana Waldstein, neuvième marquise de Santa Cruz* ; de Greuze, *Le Fils puni* ; d'Ingres, *Portrait de Louis-François Bertin*.

chance de m'agréger, se montrent, selon l'expression suisse, « déçus en bien ». Le bâtiment les séduit. Il apporte plus de place, plus de possibilités de scénographie et de rapprochements propices aux considérations scientifiques et techniques, rend la visite plus confortable, contrairement au Louvre qui « est un beau fouillis », confie l'un d'eux. Après les expressions d'heureuse surprise viennent quelques vacheries confraternelles : « Le Botticelli (pas celui de la galerie du Temps, celui de l'exposition Renaissance, *Vénus et trois putti*), il était dans les réserves, mais bon, ça aura permis de le restaurer », « La statue de Mithra, dans les années soixante, elle a été brisée en trois morceaux. Le département des Antiquités de l'Orient méditerranéen, qui l'a prêtée, ne veut pas la récupérer. Elle est trop lourde (cinq tonnes !) et trop volumineuse. Ils préfèrent qu'elle reste à Lens ». Passé cet exercice rituel, purgatif et émollient, l'impression générale est bonne, sans dissonances autres que mineures. L'un des conservateurs l'exprime avec une savoureuse perversité : « Même cette petite saleté que je déteste (*Le Baisemain*, porcelaine dure de la manufacture de Meissen, 1737) va bien avec ce tableau de Boucher qui est aussi laid qu'elle (*Le Nid*, 1740). » Lors de l'inauguration du musée, la presse a été très homogène, souvent sur le mode « Félicitons le Louvre de faire du travail social ». Les opposants ont été tenus à l'écart et, quand c'était possible, en lisière, voire interdits de conférence de presse par le maire de la ville ou privés de plateaux de télévision à la suite de pressions du président du Grand Louvre[1].

Voici donc un musée né sous de favorables auspices. Curiosité d'un public nombreux, abondance de commentaires élogieux dans les médias nationaux et internationaux, approbation ou retenue bienveillante ou intimidée des milieux professionnels, opposition affublée d'une sourdine, parfum de modernité, aura de sollicitude pour les classes populaires, label « social » lié au soutien à la convalescence morale du bassin minier, à l'aide à sa guérison économique et au changement d'image de la région, notamment par la mise en valeur de ses richesses artistiques. C'est à Lens, plutôt qu'à Cergy-Pontoise, que Paris a choisi de transférer ses réserves et le Centre d'études, de conservation et de restauration du patrimoine. Il est aussi question d'une « chaîne des villes du Louvre » qui relierait Paris, Lens, Abou Dhabi, Atlanta, et Belo Horizonte, dernière ville en date à pouvoir prétendre à une succursale du « plus grand musée du monde ». Daniel Percheron croit à l'avenir glorieux

1. www.latribunedelart.com/le-maire-de-lens-censure-la-tribune-de-l-art et *Le Canard enchaîné* du 11 mars 2009. Ces misérables mœurs avaient déjà été pratiquées par Renaud Donnedieu de Vabres, qui, ministre de la Culture, avait exclu Françoise Cachin et Michel Laclotte de la Commission des acquisitions des musées nationaux pour les punir de s'être opposés au projet du Louvre à Abou Dabhi. Sur le Louvre-Lens, on lira la plus synthétique des critiques dans *La Tribune de l'art*, www.latribunedelart.com/les-dix-raisons-pour-lesquelles-le-louvre-lens-est-un-mauvais-projet.

et prospère de ce surgeon inattendu de la mondialisation « grâce à la magie du Louvre ».

À cette magie, le président de la région Nord-Pas-de-Calais accorde le pouvoir d'augmenter de 10 % à 12 % la production de richesse de l'arrondissement de Lens. Il s'agit d'attirer et de retenir un million de visiteurs par an, chacun dépensant quarante euros. Opportune convergence : un peu plus d'un an après l'ouverture du Louvre ont commencé les commémorations de la guerre de 14-18. Les collines de l'Artois ont vu tomber six cent mille soldats. La plus grande nécropole militaire de France, le mémorial de Notre-Dame-de-Lorette, est à dix minutes du Louvre-Lens. Pour le centenaire du déclenchement des hostilités, les noms de ces morts au champ de bataille ont été gravés par ordre alphabétique sans distinction de pays ni de grade. La structure ellipsoïdale signée Philippe Prost sur laquelle ces patronymes sont inscrits peut être considérée comme une prouesse technique : cet anneau en béton fibré d'un périmètre de trois cent quarante-cinq mètres se soulève en porte-à-faux sur quatre-vingts mètres. Un jardin central et un « chemin de mémoire » ont été plantés de fleurs représentant les puissances belligérantes : coquelicots rouges pour les anglophones, myosotis blancs pour l'Allemagne, bleuets pour la France. Une raison de plus pour venir en Gohelle. Le tourisme mémoriel est une ressource sur laquelle la région compte avec optimisme. Le champ de bataille de Vimy où les Canadiens laissèrent plus de trois mille cinq cents des leurs avant de reprendre la cote 145 est dominé par un monument haut de quarante mètres non loin duquel sont reconstituées des tranchées que font parcourir des étudiants d'Ottawa, de Montréal ou de Winnipeg. Il est voisin du cimetière britannique du Cabaret rouge et de celui, allemand, de Saint-Laurent-Blangy. Neuville-Saint-Vaast abrite la nécropole de La Targette, un cimetière militaire tchécoslovaque (que se disputent la République tchèque et la Slovaquie), un monument aux combattants polonais. On a dressé à Vimy un mémorial des combattants marocains. D'autres morts reposent à Souchez, à Loos-en-Gohelle et, plus au sud, à Arras, ou à Ayette où gisent les dépouilles de travailleurs civils volontaires venus d'Inde ou de Chine et incorporés dans les « corps de travail » pour servir de manœuvres, de dockers, de bûcherons, d'agents d'entretien des voies ferrées. Des circuits de randonnée pédestre proposent aux « touristes mémoriels » de parcourir les « hauts lieux de la Grande Guerre en Artois ». Une étude commandée par le ministère de la Défense évalue à trois cent soixante-quinze euros la dépense par personne pour des séjours de trois à quatre jours. Des nécropoles de l'Artois au Louvre-Lens, il n'y a qu'un pas que la région entend inciter les visiteurs à franchir pendant les quatre ans qui marquent le centenaire de la der des ders. Les chiffres de fréquentation pourraient alors atteindre des sommets.

Des chiffres peuvent-ils être l'alpha et l'oméga d'une politique culturelle ? Faire impression est un travail de surface. Cultiver, un travail de fond.

La région a acheté le Louvre : quels moyens reste-t-il pour les autres musées, (ceux qui sont appelés à faire partie du « réseau »), pour les compagnies théâtrales, pour la danse, pour les arts plastiques, pour l'éducation artistique ? Bien qu'on les ait assurés de la sanctuarisation de leurs subventions, la plupart des acteurs culturels – qui ont vu un même engagement se dissoudre dans le budget de l'État – craignent un avenir chiche. Beaucoup le manifestent en allant voir ailleurs. A contrario de cette politique dont ils redoutent qu'elle ne soit plus qu'un enchaînement d'événements sans autres retombées que médiatiques, certains rappellent que l'investissement éducatif sur le long terme paie. Qui veut bien se souvenir que le lycée Saint-Paul de Lens, qui comptait en 1981 cinq cents élèves dont seulement 55 % obtenait le baccalauréat, en accueillait mille deux cents en 2008, avec un taux de réussite de 99 % et 80 % de mentions ? Il est vrai que son directeur, Jean-Pierre Delesalle, disposait des marges de liberté et d'initiative qu'offre l'enseignement privé pour mener à bien un effort de vingt-sept ans et voir en 2007 son lycée classé le premier de France par *L'Express*[1]...

C'est un autre travail de fond que mène depuis dix ans Thomas Duchatelet, sorte de Billy Elliott natif de Valenciennes, ancien de la troupe de Pina Bausch, aujourd'hui directeur d'une compagnie de ballet à

1. Pour ses bons résultats absolus, mais aussi pour ses excellents résultats par rapport aux attentes, compte tenu de la catégorie socioprofessionnelle des familles des élèves.

Roubaix, dans une région où la danse n'est pas spontanément considérée comme un art majeur. Duchatelet n'accepte pas que les pouvoirs publics se comportent comme des collectionneurs. « On consomme, on glorifie les élus, mais on ne produit rien, on ne construit rien, on ne forme personne, on tourne le dos à l'héritage de Pierre Mauroy. Cette politique patrimoniale est un cimetière culturel. 40 % de chômage des jeunes, des chiffres catastrophiques en matière de santé et d'espérance de vie, la qualité médiocre des soins, l'exil de la population, la pollution industrielle d'une région poubelle, la montée du Front national : on n'affronte pas ça avec un musée. »

Un spectre hante en effet le Pas-de-Calais, le spectre du Front national : 23 % des voix aux élections cantonales de 2011 dans le département, 32 % à Lens. Dans le Pas-de-Calais, 25,3 % pour Marine Le Pen en 2012, 38,87 % pour son parti aux européennes de 2014 et, aux municipales de la même année, la conquête symbolique d'Hénin-Beaumont. Le vote FN suit la géographie du bassin minier et celle de l'industrie textile, celle des zones de fort chômage et de forte présence immigrée. Il est attisé par la corruption, le clientélisme, le trafic d'influence. Il est plus fort aux élections municipales qu'aux législatives. Il se banalise, l'aveu en est de plus en plus fréquent. Faute d'avoir été aux affaires, le FN n'est pas soupçonnable de corruption, et le parti a l'intelligence de proposer de jeunes têtes de liste, pour qui un échec à vingt-cinq ans constitue une rampe de lancement. Les jeunes électeurs sont attirés par les jeunes candidats. Au PS, les jeunes candidats sont surtout des apparatchiks gloutons, assistants parlementaires, collaborateurs de cabinet, petites mains de l'organisation. Ils ont obtenu leur mandat sans connaître ni fréquenter le terrain. Il y a belle lurette que les élus socialistes ne sont plus des militants, qu'on ne les voit plus dans les villes, les cités, les entreprises, là où il faut être pour faire pièce à ceux qu'ils se contentent de combattre en les traitant de fachos. Avec quelque ferveur qu'elle soit réclamée par tous, on ne voit pas de quel vivier sortirait cette génération d'élus nouveaux, hercules nécessaires au lessivage des écuries d'Augias.

Daniel Percheron sait tout cela. Même s'il se laisse aller à l'autosuggestion en évoquant la « magie du Louvre », il ne voit pas d'autre rêve auquel accrocher l'avenir de l'ancien bassin minier, d'autre chance à saisir. Cette chance, il l'a traduite par un impressionnant investissement voué à attirer une attention positive sur le Pas-de-Calais, et d'abord auprès des élus du Nord habitués à regarder de haut ce département voisin mais subalterne, qui fut toujours, depuis la révolution industrielle, un territoire de production, mais pas de décision. « Les grands bureaux des mines de Lens furent construits le plus près possible de la gare, rappelle l'ancien sénateur Bernard Frimat : on déroulait un tapis rouge de la sortie du train à la salle du conseil d'administration à des *messieurs* qui repartaient dans la journée. » C'est d'abord dans sa région que Percheron voudrait renverser le rapport de force, et donc transformer le rapport d'image, se débarrasser du handicap de l'antagonisme entre bourgeois du Nord et prolos du Pas-de-Calais, voire en finir avec la frontière entre les deux départements qui n'a plus de sens mais imprègne si profondément les mentalités qu'il faudra plus d'un Louvre pour la dissoudre.

Toutefois, maintenant qu'il a attiré le premier de ces Louvre, le président de la région s'emploie à en faire un atout pour son ambition : relier Lens et Lille dans un ensemble urbain cohérent, doté d'une masse de population conséquente. Sans cette véritable aire centrale, les initiatives économiques sont vouées à l'échec. Pour la constituer, les infrastructures de transport sont cruciales, comme l'a montré l'exemple de Manchester. Il faut donc prendre à bras-le-corps la question des liaisons ferroviaires entre Lens et Lille, mettre en service un réseau express régional à la dimension du Grand Lille qui permettrait d'ajouter aux deux millions et demi d'habitants de Lille-Roubaix-Tourcoing le million qui vit dans le bassin minier. Ce projet qui mettrait Lens à une demi-heure de Lille coûterait deux milliards et demi d'euros et serait achevé vers 2020. Pour qu'il aboutisse, il ne faut plus que l'accord de la maire de Lille. Jusqu'à présent, elle ne l'a pas donné. C'est que Martine Aubry n'a que faire du Pas-de-Calais et que son socialisme n'est pas partageux. Élue dans une ville gentrifiée dont les néobourgeois ont trouvé dans le parti socialiste, comme ailleurs, une représentation conforme à leurs intérêts, Aubry administre une métropole qui tire aujourd'hui profit des investissements réalisés sous Mauroy, de ses deux gares TGV et du succès des cent dix hectares du quartier d'affaires d'Euralille. Elle s'emploie à entourer son fief de remparts. L'un des industriels les plus performants, Bruno Bonduelle, parle d'« une métropole qui semble se développer hors sol avec les grands sièges, les grandes fonctions, les TGV, etc.[1] ». Percheron table sur le succès du Louvre-Lens pour faire avaliser (avaler ?) par la maire de Lille ses projets de liaison ferroviaire ; il les compléterait volontiers par une gare TGV à Hénin-Beaumont, afin que les cinquante trains qui filent chaque jour vers Bruxelles et Londres marquent un arrêt dans le Pas-de-Calais. Ils ne sont aujourd'hui que deux à faire halte dans la région.

Ces investissements sont une condition pour que le bassin minier entre dans l'économie tertiaire, celle qui fonctionne à la matière grise. Sans cette mutation, pas de classe moyenne, sans classe moyenne, le Front national a de beaux jours devant lui. Avec elle, le sénateur-président croit à l'appoint que représenterait l'économie résidentielle et relève que les transferts sociaux induits par les retraités et les résidents secondaires pourraient nourrir une économie de service florissante. Cela se vérifie déjà dans l'arrondissement maritime de Montreuil, dont 44 % des maisons sont des maisons de vacances ou de week-end, et qui s'en est trouvé fort enrichi, mais dans l'aire urbaine qui soucie Daniel Percheron, les résidences secon-

1. « Bruno Bonduelle : "La région à deux vitesses, ça devient catastrophique" », *La Voix du Nord*, 15 avril 2013.

daires, dont le nombre baisse depuis 1990, représentent 0,7 % des logements. Dans les zones comparables en province, elles sont 11,3 %… Si favorable à la fameuse résilience que soit la situation géographique de la région, les obstacles ne manquent pas qui empêcheraient l'Histoire de repasser le plat du développement économique.

Pour surmonter ces obstacles, celui qui quittera la présidence de la région au terme de son actuel mandat bénéficie d'un allié de poids. Gervais Martel, qui fit fortune dans la presse d'annonces, s'était pourtant montré bien peu encourageant lorsque avait été annoncé le projet du Louvre-Lens. Le faible niveau d'éducation et de formation de la population, l'absence d'une offre touristique, d'hébergement et de restauration capable de rivaliser avec Arras, l'insuffisance du tourisme face à 18 % de chômeurs, autant de considérations qui nourrissaient le scepticisme de Martel. Le projet d'un hôtel de luxe à proximité du musée l'a fait bien rire : « Pourquoi pas un sept étoiles ? C'est bien trop haut de gamme pour le public local, et les riches prendront le train et feront l'aller-retour dans la journée. On marche sur la tête. Et avec des élus qui sont les mêmes depuis quarante ans, on ne risque pas de se retrouver sur nos pieds. Lille est une pieuvre, elle absorbe toute l'activité économique. »

Quelques mois plus tard, celui qui créa une école de commerce et fut le patron du golf d'Anzin, à deux pas d'Arras, de son hôtel et de son restaurant avait modifié son regard sur le musée et ses conséquences.

Peut-être même avait-il attrapé la muséite, puisqu'il envisage d'ouvrir au stade Bollaert un musée de la mine associé à un musée du sport. C'est que le directeur du Louvre lui a plu. « C'est un tenace », juge-t-il sur un ton qui situe le crédit qu'il accorde à cette qualité. C'est aussi que le Louvre a créé de l'animation. Il a fait sortir de l'ombre des citoyens ordinaires désireux d'en saluer l'ouverture, d'exprimer l'espoir qu'ils plaçaient en lui et leur attachement à leur région, hors de tout contrôle par les élus. Un fabricant de lustres, Jean-Jacques Labaëre, randonneur amateur, organisa ainsi une marche de quatre cent quarante kilomètres entre les deux Louvre. Partie de la cour carrée, elle se déroula en treize jours et douze nuits et rejoignit Lens la veille de l'inauguration par le président de la République. Entre chaque étape, les douze participants étaient accompagnés (et encouragés) par des marcheurs locaux, quelquefois plusieurs centaines, et accueillis par des municipalités bienveillantes, à l'exception de celle d'Arras, qui logea l'expédition dans un gymnase sans chauffage… Devant de tels exemples, plutôt que de s'attarder sur la mauvaise donne, Gervais Martel s'est mis à relever les bonnes cartes : Lens est située sur un axe ferroviaire majeur, la région est jeune, c'est la troisième de France pour la population, et pour peu que le RC…

Le RC, le Club, le Racing Club de Lens, le RCL, c'est la grande affaire de Gervais Martel. Il en a été président de 1988 à 2012. Il a dû céder la place en 2012 : l'équipe n'avait plus la niaque depuis 2008, malgré les entraîneurs aussi prestigieux que Jean-Pierre

Papin ou Guy Roux que Martel lui avait donnés. L'un puis l'autre ont échoué. Les dettes ont grossi. Le Crédit agricole, actionnaire minoritaire, a pris la majorité des parts – donc la présidence – et s'est employé à donner meilleure mine aux finances. Martel a obtenu un droit de préemption en cas de revente. Pendant un an, il a cherché un financier avec qui revenir. Il est revenu au printemps 2013, associé au président du FC Bakou, un homme d'affaires azéri dont il n'est pas sûr qu'il puisse être rangé parmi les humanistes les plus distingués. Qu'importe. Le proverbe ne dit-il pas : « Quand la maison est en feu, tu n'as pas besoin d'eau propre pour l'éteindre » ?

Lorsque Martel le reprend, le RC n'est pas en feu, mais en déconfiture. Et sérieuse. Ce club qui fut qualifié pour la coupe de l'UEFA en 1995 et 1996, qui participa à la Ligue des champions en 1998-1999, remporta la coupe de la Ligue en 1999, disputa la demi-finale de la coupe de l'UEFA en 2000, battit le Milan AC et tint en échec le Bayern, ce club qui avait été champion de France en 1998 ne jouait plus qu'en deuxième division. Pour se faire une idée de ce que le RC Lens représente pour la population du bassin, il faut l'avoir entendue, à Bollaert, entonner avant le match la chanson de Pierre Bachelet devenue son hymne et reprendre : « Au nord, c'était les corons » d'une seule voix, mais de dix-sept mille poitrines, à la soixante-treizième minute du match, le 4 mars 2013, pour encourager les sang et or, bloqués au score de 1-1 devant les canaris de Nantes. Il n'y a guère qu'en Grande-Bretagne que l'on puisse entendre pareil chœur. Et la vidéo de l'hommage posthume rendu à Pierre Bachelet par les supporters lensois, au stade, en reprenant cette chanson, a été vue sur l'internet plus d'un demi-million de fois.

Dans le monde du football populaire, Martel est un personnage. Les amateurs n'oublient pas qu'il a refusé l'augmentation du prix des places et que celles de Bollaert sont parmi les moins chères de France. Les supporters apprécient qu'il ait maintenu leur tribune, le Kop, sur le bord de la pelouse et non relégué derrière les buts, qu'il ait tenu à ce que le prix de l'abonnement reste faible (sept euros par match). Le nom de Gervais Martel est associé à la création en 2002 d'un centre d'entraînement ultramoderne et qui passa longtemps pour le meilleur de France, La Gaillette, où les joueurs mènent de front formation sportive et formation scolaire. « Les parents savent que leurs fils n'ont que de faibles chances de devenir professionnels. Ils savent aussi que nous veillons à ce qu'ils reçoivent une instruction solide. Ils nous les confient donc plus volontiers, lorsque nous sommes en compétition avec un autre centre. Raphaël Varane (le plus jeune défenseur ayant jamais débuté un match avec l'équipe de France) a suivi le cursus de La Gaillette de neuf à dix-huit ans. Il a signé avec le Real Madrid le matin et passé sa première épreuve du bac l'après-midi du même jour. » Au-delà de cette aura sociale (on aurait dit « populiste » à l'époque où des prix de littérature ou de cinéma portaient fièrement ce qualificatif aujourd'hui entaché de démagogie), les Lensois se souviennent que Gervais Martel a déjà pris le club au plus bas, déjà relégué, à la fin des années quatre-vingt, qu'il l'a ramené en première division et qu'il lui a fait connaître l'une de ses plus belles périodes.

À peine intronisé, le président retrouvé du RCL embauche l'ancien entraîneur faiseur de miracles à Valenciennes entre 2005 et 2009, que les Qataris ont remercié lorsqu'ils ont acheté le PSG. Avec Antoine Kombouaré, Martel et son associé azéri se défont de sept joueurs et en acquièrent neuf. Les noms qui viennent rejoindre les sang et or montrent que le nouveau président a préparé son affaire de longue main. L'argent ne vole pas par les fenêtres, d'autant moins que le financier azéri tarde à honorer ses engagements. Le 24 juillet, lors d'une rencontre amicale avec l'OM à Bollaert, une ovation à la hauteur des espoirs des supporters soulève le stade à l'arrivée de Martel. Lors du match suivant, une banderole proclame : « Gervais, bienvenue chez toi. » Quelques semaines plus tard, pendant le week-end du 15 août, trente mille spectateurs assistent à Bollaert à la victoire du RC Lens sur l'AJ Auxerre – autre équipe reléguée en D2 – par 4 à 1. Pressé par les journalistes, Gervais Martel a toutes les peines du monde à exprimer son bonheur sans sauter sur les tables. En mars 2013, pour le match contre Nantes – elle aussi équipe de D2 –, l'affluence avait agréablement surpris les dirigeants du club. Elle n'était que la moitié de celle du 15 août.

En 2014, Lens est remonté en première division. Pour accueillir certaines rencontres de l'Euro 2016,

Bollaert est remis à neuf. On peut le prendre comme un symbole. À des degrés divers et en n'insistant pas chacun sur les mêmes sujets, Daniel Percheron, Gervais Martel, Xavier Dectot et maints autres croient et veulent croire à la synergie du stade et du Louvre, du Louvre et du stade, de la coulée verte, des pèlerinages sur les tombes des poilus, du développement des nouvelles activités économiques, de la mémoire de la mine, de la liaison ferroviaire avec Lille, du réseau des musées, de la découverte des charmes du Pas-de-Calais. Et même, un jour, à l'endiguement du Front national. Le numéro 9, celui du carreau de la fosse où s'est installé le Louvre-Lens, sur un terrain de football, c'est le numéro de l'avant-centre, du buteur.

Le marathonien, le consul et le président

En 1960, cent huit ans après la fondation de la société des mines de Lens, la fosse 9 est fermée. En 1980, elle est comblée. Le 29 septembre 1983, à 14 heures, son chevalement est abattu. André Delélis, maire de Lens, fait tout raser, sauf les grands bureaux, véritable palais des Houillères, siège de leur direction, lieu de leurs conseils d'administration. « Étonnant, pour un socialiste, de conserver le symbole du pouvoir », ironise Jean-François Caron, maire de Loos-en-Gohelle triomphalement élu et réélu, passé chez les verts près s'être évadé du PS. Ce marathonien, vice-président du conseil régional, responsable du schéma d'aménagement et de développement du territoire, affiche une hérédité éloquente : son arrière-grand-père, Jean, mineur et délégué syndical, maire de sa ville avant guerre, fut destitué par Vichy. Il n'en installa pas moins, les jours de permanence, deux chaises sous les fenêtres de l'usurpateur pétainiste et reçut bravement quiconque souhaitait le voir. Il avait prénommé ses enfants Juvénal, Danton, Rosa, Églantine, Ferrer et Voltaire. Juvénal et Danton furent les gardes du corps de Léon Blum. Le fils de Voltaire, Marcel, l'un des fondateurs de la CFDT, ceignit quatre fois de suite l'écharpe de premier magistrat de Loos et se distingua des socialistes locaux par ses options autogestionnaires et antiguesdistes à une époque où l'héritage de Guesde, ce doctrinaire fondateur de la SFIO, constituait le bain amniotique des socialistes du Nord-Pas-de-Calais, dont l'organisation pyramidale, verticale, quasi militaire, considérait l'initiative individuelle comme une insupportable dissidence.

C'est Jean-François Caron qui a été l'âme du projet, abouti en 2012, d'inscription du bassin minier au patrimoine mondial de l'humanité par l'Unesco[1]. Dès les années quatre-vingt, aux côtés de son père, il s'était opposé à la destruction des chevalements et à toutes les décisions qui tendaient à renier le passé minier. Pour les Caron, rien ne pouvait renaître sur

1. La cité pavillonnaire des Provinces, son presbytère, son groupe scolaire, avec la maison du directeur et la maison des sœurs, à Lens, la cité pavillonnaire Saint-Albert à Liévin et Loos-en-Gohelle, l'école de cette cité à Liévin, la cité pavillonnaire n° 11, la maison d'ingénieur dans cette cité, la fosse n° 11/19, la cité pavillonnaire n° 12, l'église Saint-Édouard à Lens, son presbytère, le groupe scolaire, avec le logement du directeur, le monument aux morts de la compagnie de Lens, la cité moderne n° 12 *bis*, à Lens, la fosse n° 12 des mines de Lens, et les terrils n°s 74, 74A et 74B, à Loos-en-Gohelle, ont été inscrits le 30 juin 2012 sur la liste du patrimoine mondial de l'Unesco.

l'oubli, qui s'accompagne d'une honte sourde de ce que l'on a été. Puisque on a pu rayer d'un trait le métier qui nous faisait vivre et tout ce qui allait avec lui, puisque on peut en faire disparaître les traces, n'est-ce pas que tout cela ne valait rien ? « En plus de subir le chômage, les gens perdaient leur identité et leur histoire, dit le maire de Loos-en-Gohelle. Nous avons connu un phénomène qu'avaient vécu les tribus amérindiennes et, comme dans les tribus amérindiennes, beaucoup d'anciens mineurs perdus et désorientés ont sombré dans l'alcoolisme. » Une population dont le travail était à la source non seulement du revenu, mais du logement, des loisirs, des fêtes, de l'organisation, des hiérarchies dites et non dites, un ensemble humain dont la mine était l'horizon indépassé, des travailleurs héros de la bataille du charbon de l'après-guerre, des prolétaires dont les luttes nourrissaient romans et films, des syndicalistes donnés en exemple à tous les militants, des morts dont on retrouve les poumons fossilisés par la silice… il leur aurait fallu accepter de faire comme s'ils n'avaient pas existé, de sortir de l'histoire… Le charbon, en tout cas, sera si complètement sorti du paysage de Lens qu'en 1993, lorsque Claude Berri tournera sa version de *Germinal*, il lui faudra choisir, pour les scènes de fosses, entre les mines de Pologne ou de Hongrie et une reconstitution par un décorateur, quelque part dans le Cambrésis, dans un champ loué à un paysan. Bien avant de s'entendre reprocher l'académisme de son long-métrage, Berri aura dû affronter de violentes diatribes locales, l'accusant de vouloir enfermer les populations dans la misère de leur passé charbonnier, dix ans après la mise à bas du chevalement de la 9.

C'est le sauvetage d'un autre chevalement, celui d'une fosse à deux puits, la 11/19, qui deviendra le but et la marque de l'action des Caron. Jean-François y adossera une association destinée à la préservation et à la mise en valeur d'un des symboles les moins glamour du passé minier, les gigantesques entassements de scories, de déblais et de résidus sortis des galeries et connus sous le nom peu bucolique de « crassiers » ou, plus aimable, de « terrils »[1]. Beaucoup ont disparu pour servir au ballast des autoroutes. Mais deux de ces terrils sont passés de l'opprobre au respect, de la flétrissure à la faveur. Ce sont de parfaits jumeaux. « Rendez-vous compte : 146,5 mètres de haut, comme la pyramide de Chéops, 280 coudées royales », s'amuse à souligner le maire de Loos-en-Gohelle, histoire de conduire vers une comparaison insolite un interlocuteur qui ne lui en voudra pas de rapetisser les terrils d'une quarantaine de mètres et de rehausser la pyramide d'une dizaine pour les besoins de sa rhétorique passionnée. « Pour retrouver la fierté, la région devait se donner un totem. Le patrimoine minier est le totem du bassin. »

À deux pas de ces pyramides faites de la lie et du rebut de la mine, après un travail de Romain mené avec une patience de bénédictin, le chevalement à

1. Prononcer le « l » final est une erreur, quelquefois une faute.

molettes de 1920 et la tour en béton des années soixante de la 11/19 ont été sauvés et le carreau de cette mine abrite aujourd'hui le siège de l'association La Chaîne des terrils ainsi qu'une scène nationale d'un genre inusité : Culture commune, sorte de syndicat intercommunal de coopération culturelle, organise des spectacles de rue, des ateliers d'arts plastiques, des concerts de rock, des ateliers de danse hip-hop et favorise toutes les musiques alors que les mairies ne soutiennent que les harmonies traditionnelles, derniers vestiges des fanfares des mines. À cette institution peu semblable aux autres scènes nationales, sa vaillante et tenace fondatrice, Chantal Lamarre, s'enorgueillit d'avoir donné comme objectif d'« ouvrir le champ des possibles ». Lorsqu'elle invitera le groupe de rock alternatif Mano Negra, en 1992, la question qu'elle entendra le plus souvent sera : « C'est les vrais ? » On voit par là quelle idée d'elles-mêmes se font des populations qui ne peuvent croire ni qu'un groupe de musiciens fameux et même emblématiques d'une génération ni que des œuvres d'art authentiques et majeures viennent jusqu'à eux. Voisine avec la scène nationale, un centre régional de développement durable (CD2E), qui développe l'expertise sur le solaire, étudie les initiatives pour l'environnement, l'économie circulaire, le recyclage, l'économie verte, la recherche en analyse du cycle de vie, la caractérisation des écomatériaux, etc. Pour Jean-François Caron, « c'est un lieu où s'incarnent ce qu'on était et ce qu'on devient ». Il n'est pas jusqu'aux terrils qui ne soient transformés en lieux de récréation où se retrouvent marcheurs, randonneurs et parapentistes et où sont organisées des promenades vouées à la découverte de la biodiversité de leurs microreliefs. Étienne Lantier, qui l'eût dit ? Toussaint Maheu, qui l'eût cru ?

Jean-François Caron et ses amis sont persuadés que le Louvre ajoute un effet à celui du classement par l'Unesco. Que les deux initiatives convergent pour permettre aux habitants de s'accorder à eux-mêmes une estime retrouvée dans le regard d'autrui.

C'est un pareil regain d'amour-propre qu'ont connu les Polonais du bassin, ceux dont de lointains parents sollicitèrent le soutien au temps du communisme et à qui ils confièrent la responsabilité de réaliser ce dont ils étaient empêchés eux-mêmes. Entre la Pologne de Solidarność et la petite Pologne que constitue le bassin minier, qui pourra dresser l'inventaire des complicités, des appuis, des subsides ? Déjà, lors du millénaire de la patrie de Copernic, de Chopin, de Mickiewicz et de Sikorski, lorsque le régime s'employait à empêcher ses compatriotes de célébrer la naissance religieuse de leur pays, l'épiscopat de Pologne avait confié le soin aux Polonais du Pas-de-Calais de la fêter avec éclat. Ils n'y manquèrent pas et financèrent à Lens la construction d'une église du millénium décorée de drapeaux brodés aux emblèmes de tous les puits de mine et ornée de vitraux retraçant l'histoire de leur pays depuis son choix fondateur, en 966, de l'allégeance à Rome plutôt qu'à l'orthodoxie.

Les descendants des deux cent quarante mille Polonais qui signèrent entre les deux guerres des contrats de travail avec les Houillères n'avaient jamais perdu le lien avec leur patrie d'origine. À leur arrivée en France, on leur proposait de franciser leurs noms imprononçables, pleins de consonnes sibyllines. Presque tous s'y refusèrent. Beaucoup conservèrent et transmirent l'usage de leur langue à côté du français. Ils vivaient dans des cités homogènes, organisaient leurs fêtes et leurs bals dans des salles bâties par leurs soins. Ils avaient leurs écoles, leurs colonies de vacances, leurs coopératives. Leurs cités étaient entourées de potagers et vivaient presque en autosuffisance. Certaines communes étaient peuplées à 70 % de Polonais : ils étaient les faiseurs de roi des élections locales. Ils priaient dans leurs églises avec des prêtres issus de leurs rangs. Leur championnat de foot a survécu à la mine. Ils furent l'écho et la chambre de résonance de tout ce que connut la Pologne.

En 1992, pour la tenue des assises de la polonité, cent soixante associations et un millier de participants débattirent des moyens de soutenir la jeune démocratie de leur pays d'origine. « De ces assises, écrit l'ancienne présidente verte de la région Nord-Pas-de-Calais, Marie-Christine Blandin, il reste aujourd'hui des associations revitalisées, une maison unique de la polonité nommée Polonia (...). On peut encore étudier le polonais de la maternelle à l'agrégation. (...) Aujourd'hui, ce sont des chercheurs polonais qui viennent dans notre région à la recherche des traditions perdues chez eux : musiques, tournures linguistiques, recettes de cuisine, comme la *kacha*, boudin à l'orge, à la girofle et à la cannelle que les restrictions à l'Est ont fait tomber dans l'oubli dans leurs provinces d'origine. » C'est par la Maison régionale de la poésie, fondée par Noël Josèphe, autre ancien président de la région, qu'un recueil de poèmes de la Polonaise Wislawa Szymborska sera édité et traduit, avant qu'elle reçoive le prix Nobel de littérature en 1996. En 2013, d'autres assises ont été consacrées au souvenir des Polonais combattants, dans la perspective du centenaire de 14-18, à la création d'un festival du film polonais et à celle d'un institut d'études polonais symboliquement installé dans les anciens grands bureaux des maîtres des Houillères. En décidant de fermer son consulat général, prenant acte de la disparition des visas et presque des frontières, la Pologne a créé un poste de consul honoraire, confié à un journaliste quinquagénaire de *La Voix du Nord*, fils et petit-fils de mineurs morts de la silicose, l'un et l'autre enterrés à deux pas du Louvre-Lens.

Henri Dudzinski n'a jamais tourné le dos à la mine, il ne l'a pas oubliée, ni trahie, mais il rend grâce à l'école de la République de lui avoir épargné le sort de ses ascendants. Elle lui a permis de ne pas être aujourd'hui de ceux, nombreux, qu'il a vus hébétés par la fin du charbon et qui, trop habitués à tout attendre de la mine, enlisés dans leur statut, grégaires et sédentarisés, se sont enfoncés dans la dépendance, « se sont montrés incapables d'aller chercher ailleurs ce qui leur manquait ». Frappés d'immobilisme, formatés dans leurs réflexes, certains anciens mineurs écrivent aujourd'hui à Xavier Dectot pour obtenir des billets d'entrée gratuits au Louvre… dont l'accès n'est pas payant.

Le nouveau consul honoraire de Pologne a d'abord mal vécu l'annonce de la venue du musée. Il lui paraissait bien plus pertinent de l'installer à Calais, comme à beaucoup, mais la municipalité communiste n'en a pas voulu, de crainte que ce mastodonte n'apporte des changements qui lui soient préjudiciables. Dudzinski a redouté que l'on ne passe d'un stakhanovisme de la mine à un stakhanovisme de la culture. La présentation du Louvre-Lens comme un cadeau concédé aux gens du peuple pour les sortir de la misère intellectuelle l'a horripilé, avec ce qu'elle charriait de condescendance. L'idée qu'un musée puisse constituer une solution pour redonner vie à une ville économiquement sinistrée sonnait pour lui comme une imposture. Si son opinion a évolué, c'est d'abord à cause des réactions qu'il a recueillies à Poznan, la ville d'origine de sa famille où on l'a pressé de questions sur le Louvre. Troublé par la fierté qu'attendaient de lui ses cousins, il s'est trouvé flatté qu'ils l'interrogent sur la venue du « plus grand musée du monde » chez lui, à Lens, alors qu'il y a quatre-vingt-dix ans, ses grands-parents décrivaient dans leurs lettres à leur famille la grande misère dans laquelle ils vivaient et disaient regretter leur émigration. La beauté du bâtiment l'a impressionné. Son intégration dans le paysage minier l'a touché.

« Le bassin est l'écrin du musée. » Les aménagements urbains venus grâce au Louvre constituent des améliorations indiscutables. « Songez que la rue Paul-Bert, qui longe le futur parc, était couverte par un pont routier dont le tablier arrivait à la hauteur des chambres des maisons. » Quelque chose frémit, peut-être…

Pour être consul honoraire, on n'en reste pas moins journaliste, et même directeur du département édition de *La Voix du Nord*, deux cent vingt-cinq mille exemplaires et un million deux cent cinquante mille lecteurs quotidiens. À travers ses fonctions, Henri Dudzinski voit se dessiner dans l'opinion un mélange de curiosité, d'intérêt, de méfiance, d'attente et, *in fine*, une position d'expectative circonspecte. « Mais quand même, lorsqu'il vient de la famille, on lui fait visiter le musée. » Comme cette marque d'adhésion ne me bouleverse pas, mon confrère tente une nouvelle fois de me mettre sous les yeux d'où vient, d'où doit remonter le peuple des cités et des corons. La culture de la mine se limitait à la musique, au foot, à l'athlétisme et aux combats de coqs. La population minière était entièrement prise en charge par les Houillères : tout était collectivisé, les prix du logement, du chauffage, etc. étaient retenus sur le salaire. On faisait ses courses à la coopérative des Houillères, on partait en colonie de vacances avec les Houillères, en Indre-et-Loire, à Bidart ou à La Napoule, au « château des mineurs ». Le personnel des « centres de congés » était recruté dans le bassin minier et envoyés sur place par les Houillères. Pas d'employés locaux ! Privée de toute autonomie, la population minière n'était donc pas mobile. « Lorsque les mines de Béthune ont été fermées et que les mineurs ont été déplacés à Lens dont les puits étaient encore rentables, on a parlé de "déportation" ! » L'un des vademecum distribués aux mineurs en partance pour l'un des centres de congés dans les années soixante souligne involontairement les habitudes sédentaires de ses destinataires en précisant : « À l'arrivée à la gare de La Napoule, détachez votre ticket SNCF "aller" et conservez le "retour". »

Les Polonais, le président Percheron connaît leur poids. Il a su le faire peser dans la bonne balance, en mettant en avant l'anticommunisme des socialistes du Pas-de-Calais. Le sénateur ne manque ni de l'habileté, ni de l'ambition, ni de l'expérience qui auraient pu lui valoir un maroquin, à l'instar de son voisin, André Delelis, député, maire de Lens et secrétaire d'État dans le premier gouvernement socialiste ou, mieux encore, de son camarade dunkerquois, Michel Delebarre, ministre à répétition et un temps donné comme successeur de Michel Rocard à Matignon. Si Daniel Percheron a choisi d'être le premier dans sa région plutôt que le énième à Paris, beaucoup en ont conclu que c'était par goût du pouvoir et pour en exercer un, non négligeable, dans un « fief », une « baronnie », un « royaume » (tous substantifs utilisés à son propos), loin des projecteurs qu'allume la presse nationale, dont il évite avec constance les représentants. À preuve, un exercice très clientéliste de la présidence et du budget de la région

Nord-Pas-de-Calais, dont les exemples, souvent pittoresques, sont périodiquement fournis par la Cour des comptes à des commentateurs gourmands. Pour répréhensibles qu'ils soient, les embauches de proches, les multiplications d'emplois publics, l'inflation de directeurs, l'attribution de salaires et de défraiements hors norme, l'octroi de postes régionaux à des élus départementaux et de sinécures départementales à des élus régionaux relèvent, écrit Michel Revol dans *Le Point*, de « tout un système qui s'est développé de façon industrielle dans le Nord et le Pas-de-Calais ». Et de citer la phrase fétiche du patron des socialistes du Nord, Gilles Pargneaux : « N'oubliez pas tout ce que le parti fait pour vous. ».

Pour les siens, sans doute. À quel prix, payé par les gens ordinaires, et pour quel résultat ? Le PS et le PC ont maintenu la population dans l'assistanat moral et matériel, prolongeant l'organisation des Houillères et l'habitude de tout déléguer au chef. C'est le chef qui règle les problèmes, moyennant un clientélisme massif. Il n'y a pas de corps intermédiaires entre la masse des citoyens et l'élite politique, pas de société civile. Les associations doivent voir leurs présidents adoubés par les maires. Chacun reste chez soi et la culture du projet est inexistante. Loos-en-Gohelle et ses sept mille habitants a fourni deux cent cinquante bénévoles pour l'organisation du marathon de la Route du Louvre, alors que Lens (trente-cinq mille âmes) et Liévin (trente et un mille citoyens) ont dû recruter des agents d'encadrement. L'esprit clientéliste est contraire à l'initiative et à la coopération avec les milieux économiques. « Tout patron est un salaud de droite, dit Jean-François Caron. Dès qu'une entreprise s'installe, le maire exige de faire recruter tel ou tel. »

Si la communaupole qui regroupe trente-six communes du bassin n'a guère de poids, ce n'est pas seulement qu'elle est pauvre (60 % des habitants n'y sont pas assujettis à l'impôt sur le revenu), c'est qu'elle est organisée en un système vertical, dans lequel chacun attend son tour, et qu'elle est dominée par Lens et Liévin qui tirent la couverture à eux et cultivent un vieil antagonisme. Le PS tient la région, les départements, les agglomérations, les communes. Les dérapages et les magouilles lui sont faciles. Le rachat par les municipalités, presque toutes socialistes, du patrimoine immobilier des Houillères a mis entre les mains de leurs élus un exceptionnel outil de favoritisme, de trafic d'influence et de malversations. La confusion entre les biens de leur commune ou des offices publics qu'ils présidaient et leurs ressources personnelles a valu au maire d'Hénin-Beaumont Gérard Dalongeville et à celui de Liévin, longtemps député, Jean-Pierre Kucheida des condamnations qui ont illustré un comportement endémique chez les socialistes pas-de-calaisiens… Devant le volume de boue remué par ces affaires et quelques autres, le secrétariat national du PS s'est mué en chaisière effarouchée et s'est empressé d'affirmer qu'il ne savait, ne soupçonnait, ne profitait de rien qui puisse être lié à ces abus de biens sociaux et autres rapines à visage découvert[1].

1. Voir sur ce sujet le documenté et édifiant *La Fédé-*

Bien qu'il ait été pendant un quart de siècle premier secrétaire de la fédération du Pas-de-Calais, la plus puissante – et pas la moins opaque – du parti socialiste, nul n'a encore accusé Daniel Percheron d'enrichissement personnel, même si beaucoup ont pointé du doigt l'embauche de plusieurs de ses proches. Vu de Paris, cela fait froncer les sourcils. Observée dans son jus, cette pratique fait sourire : « Quand on est près de la cheminée, on se chauffe », s'amuse un chef d'entreprise partisan de la première heure du Louvre-Lens. Autant dire que la population trouverait étonnant qu'un grand élu s'abstienne de caser ses proches, voire qu'elle verrait cette manifestation de vertu et de désintéressement comme un aveu de faiblesse et le signe que le chef est « sur son reste ».

La première grande affaire de Daniel Percheron aura été que son parti supplante le parti communiste, le plus ancien et le plus coriace des adversaires de la SFIO, puis le vaincu du combat contre le PS. On pourrait aujourd'hui mettre sous les yeux du sénateur, président de la région, les preuves les plus irréfutables des turpitudes de François Mitterrand, on pourrait lui démontrer que l'ancien président de la République a tué, volé, violé, pillé, incendié, trafiqué l'or et les esclaves et vendu père et mère, qu'il ne céderait pas une once de son admiration pour celui qui, à ses yeux, joua un rôle décisif dans le déclin du

---

Comment les socialistes ont perdu le Nord de Benoît Collombat et David Servenay, Le Seuil, 2013.

PC. « Daniel » n'est pas de ceux qui font de la politique en chipotant leur adhésion, en s'inquiétant de ce que vont en penser la cour ou la ville, en multipliant réserves ou nuances pour conserver toujours une branche à laquelle se raccrocher. Il ne fait pas de la politique pour plaire à Canal +. Il sait là où le diable fait feu et là où il ne fait que des feux d'artifice.

Devenu premier fédéral à vingt-trois ans, s'employant avec ses amis et congénères Kucheida et Mellick à arracher le Pas-de-Calais à la domination stalinienne, Percheron pensait-il que c'était là la condition pour pouvoir un jour sortir le bassin de sa déshérence ? On oublie que les notables d'aujourd'hui ont nourri dans leur jeunesse des ambitions qui n'étaient pas petites, et c'est une facilité que de croire ou de dire qu'ils en ont fait litière. Percheron, dit son ancien collègue au Sénat Bernard Frimat, élu du Nord, « porte le Pas-de-Calais dans ses gènes ». Fils d'un cadre moyen de la compagnie des mines, né en 1942, il a grandi à Lens, dans la cité pavillonnaire 12, non loin de la fosse portant le même numéro. Enfant, il a connu les grandes années du charbon, adolescent, il en a vu le déclin, adulte, devenu professeur d'histoire, il en a vécu la disparition et ses conséquences. Aux élections municipales de 1977, ses amis et lui font basculer le département ; seules deux villes de plus de dix mille habitants restent à la droite. En 1982, grâce à François Mitterrand (encore une raison de vénérer sa mémoire), l'érection des régions en collectivités territoriales dotées de nouvelles compétences et de nouveaux moyens, l'élection des conseils régionaux au suffrage universel direct donnent aux socialistes de puissants moyens d'agir.

L'homme fort du Pas-de-Calais est alors Noël Josèphe, l'aîné de vingt ans de Daniel Percheron, qui, lui, se contente pour peser, mais dans l'ombre, de sa fonction au sein du PS départemental. L'homme fort du Nord, premier président de la région, est Pierre Mauroy. Percheron lui voue une allégeance admirative. Il se souviendra durablement de la manière dont « Gros Quinquin » a joué à fond la carte de la culture pour amortir le choc de la désindustrialisation et « adoucir la traversée du désert ». « J'étais en charge du budget à la région, se souvient Bernard Frimat. Je faisais systématiquement les arbitrages les plus scandaleux en faveur de la culture. » Mauroy a soutenu avec la dernière vigueur l'orchestre national de Lille. Il en a accompagné la création et lui a assigné la mission de « porter la musique partout où elle peut être reçue ». Allant jouer dans les usines et dans les prisons, se déplaçant dans les cités, y proposant aux enfants et aux adolescents d'apprendre un instrument, cette phalange, dirigée par Jean-Claude Casadesus, a réussi d'une manière dont on voudrait que s'inspirent d'autres formations enkystées dans leurs fosses. « Pierre Mauroy, rappelle Bernard Frimat, demandait aux architectes de construire de beaux lycées. “Vous verrez, leur disait-il, il y aura moins de dégradations. Quand on mégote sur l'investissement, on le paye. Tout le monde a droit au beau et à l'excellence.”

Les socialistes, ajoute l'ancien sénateur, ont cru dans la culture pour tirer une population ouvrière très peu éduquée vers le haut. » Cette ambition formatrice a-t-elle seulement changé de forme avec le Louvre-Lens ou s'est-elle dégradée en une politique consumériste qui fait de la culture d'abord un appât à touristes ?

Remerciements

Je suis redevable à Jean Fabre-Mons de l'organisation, de la documentation et des comptes rendus de mes différentes rencontres.

Je remercie de leur accueil et de leur disponibilité toutes les personnes qui m'ont reçu, éclairé, orienté, abreuvé, nourri ou tout simplement qui ont accepté de répondre à mes questions, et notamment :

À Tulle, Alain Albinet, Philippe Armand, René Armand, Arlette Armand, Olivier Bonnichon, Jean Brousse, Solange Charlot, Jean Combasteil, Philippe Combe, Bernard Combes, Sophie Dessus, Mathieu Gatineau, François Hollande, René Lachèze, Pierre Landry, Jean-Jacques Lauga, Jean-Louis Mercier, Bernard Pérégnaud, Jean Poumier, le père Nicolas Risso, Sophie Thibaut, Jean-Paul Valadour, Nathalie Valleix, Francette Vigneron.

À Groix, Valentine Baillot d'Estivaux, Jean-Luc Blain (†), Marc Caradec, Didier et Patricia Campion,

Lucien Gourong, Jean-Michel Le Dily, Jo Le Port, le père Dominique Le Quernec, Gilbert Nexer, Jacques-Joseph Orvoën, Thierry Orvoen, Éric Régénermel, Patrick Saigot, Pierre Stéphant, Erwan Tonnerre, Dominique Yvon.

À Lodève, Arnaud Brejon de Lavergnée, Christophe Pélissier, Bernard Schoetter.

À Vic-Fezensac, Yves et Annie Ariès, Vincent Bourg, Jean-Louis Darré, le Dr Jean-Paul Delpech, Éric Duffau, Jean-Michel Dussol, Marcel Garzelli, Marie-France Garzelli, Sébastien Garzelli, Elsa Garzelli, Isabelle Husson, Vincent Laterrade, Dominique Lleida.

À Saint-Jacut, la communauté des religieuses de l'Immaculée Conception, Yohann Abiven, le père Élie Geffray, Charles Josselin, Louis Pilard, Joseph Thomas.

À Épinal, Emmanuel Antonot, Élisabeth Del Genini, Lydie Durand, Michel Fournier, Jean-Marie Fusillier, Jacques Grasser, Philippe Laruelle, Damien Parmentier, Pascal Plantin, Stéphanie Rauscent, Pascale Ritzenthaler, Philippe Roux, Martine Sadion, Grégory Sand, Jacques Sourdot, Pascal Triboulot.

Dans le Carladez et l'Aveyron, les Drs Gérard et Mireille Boile, Alain et Cathy Cézac, Jacques Combret, Robert Delmas, Dominique Jacomet, René Lavastrou, Cécile Lenglet, Jacques Miquel, Jacques Patte,

Alain Picasso, Cécile Pozzo di Borgo, Mgr Georges Soubrier, Émilien Soulenq, Daniel Tarrisse, Laurent Tarrisse, Jean-Pierre Trin, André Valadier, Guilhem Vuarand.

À Lens et autour de Lens, Geneviève Brecc, Arnaud Brejon de Lavergnée, Steeve Briois, Bruno Cappelle, Jean-François Caron, Xavier Dectot, Jean-Pierre Delesalle, Geoffroy Deffrennes, Thomas Duchatelet, Henri Dudzinski, Bernard et Vera Dupuis, Michèle Fade, Bernard Frimat, Paul-Henri Guermonprez, Bernard Ghienne, Jean-Claude Hannequin, Jean-Jacques Labaëre, Chantal Lamarre, Gervais Martel, Bernard Masset, Daniel Percheron, Alain Tapié.

Sans oublier, tout au long de la cueillette ou à l'une de ses étapes, dont certaines n'ont été que des explorations riches de partages mais qui ne trouvèrent finalement pas leur place dans ce livre, Erik Bielderman, Thomas Campeaux, Jean-Yves Caullet, Edmonde Charles-Roux, Pierre Cunéo, Laurent Davezies, Perrine Desproges, Philippe Diallo, Nicolas Dufourcq, Arthur Jeanne, Chantal Jourdan, Jean-René Lecerf, Muriel Pernin, Pierre Rochcongar, Vincent Rouanet, Frédéric de Saint-Sernin, Amélie Verdier, Aubert de Villaine.

Table

Cet ouvrage a été imprimé
en octobre 2014 par

27650 Mesnil-sur-l'Estrée
N° d'édition : 54051/01
N° d'impression : 124151
Dépôt légal : octobre 2014

Imprimé en France

*Composition réalisée
par Rosa Beaumont*